Le grand livre
de la
COMPOSITION

Le grand livre de la COMPOSITION

BORDAS

Directeur de collection : Jordi Vigué
Supervision éditoriale : José M. Parramón Vilasaló
Textes : David Sanmiguel Cuevas
Illustrations : Antonio Muñoz Tenllado

Édition originale : *El Gran Libro de la Composicion*
© Parramón Ediciones, S.A., 1993
Grand Via de les Corts Catalanes, 322-324
08004 Barcelone (Espagne)

Édition française :
Traduction : Dominique Jarry-Voillereau
© Bordas, Paris, 1995
ISBN : 2-04-027120-1
Dépôt légal : octobre 1995
Achevé d'imprimer en septembre 1995

Table des matières

À Pilar Cuevas
et à Francisco Sanmiguel

D. Sanmiguel

1

Fig. 1. *Lamentation sur le corps du Christ,* 1528, Jacopo Pontormo (1494-1557). Chapelle Capponi, église Sainte-Félicité, Florence.

Introduction

Dans la lune paisible éclairant la plaine de Hollande, Piet Mondrian vit la conjonction d'une verticale et d'une horizontale. Pour Kandinsky, les couleurs correspondent à des formes : le jaune au cercle, le rouge au triangle, le bleu au carré. Georges Seurat parlait du contenu émotionnel implicite des lignes. Bien avant , au XVIIIe siècle, Hogarth crut trouver la ligne qui résumait la beauté. Dürer et Léonard de Vinci, ou encore plus tôt Villard de Honnecourt, au Moyen Âge, recherchèrent l'harmonie de la forme dans les nombres et dans la géométrie en marchant sur les traces de Pythagore, de Platon, ou des géomètres de l'Égypte antique. Aujourd'hui, les artistes se demandent toujours où se trouve la beauté, s'il faut la chercher dans les formes de la nature ou dans les formes abstraites, et ils se servent des premières pour construire les secondes. En un mot, ils continuent d'utiliser et de développer les méthodes de composition artistique.

La composition d'un dessin ou d'une peinture est intrinsèque à la création picturale, si bien qu'elle finit par passer inaperçue. Les visiteurs d'un musée admirent le dynamisme des couleurs, la perfection du dessin ou la facture minutieuse et fidèle, mais rarement ils s'attardent à étudier les subtils attributs de la composition. Il est normal qu'il en soit ainsi, car la composition d'un tableau ne se voit pas dès lors qu'elle est bonne, de même que la machinerie complexe d'un théâtre disparaît pendant la représentation. Le naturel et la simplicité apparente d'une grande œuvre d'art, la perfection et la logique qu'elle renferme sont autant d'aspects qui ne viennent pas tel quel à l'esprit du peintre. Pour réaliser un tableau, il ne suffit pas de maîtriser le dessin et la couleur, ou de respecter fidèlement le modèle. L'artiste doit choisir les objets, considérer les dimensions et les distances, découvrir ce qui est significatif, supprimer ce qui ne l'est pas, animer ce qui est inerte...

Bernard Berenson disait que l'art devait « intensifier la vie ». La peinture s'écarte d'une vision banale du réel, elle adoucit ou renforce les formes, elle les disperse ou les ordonne exagérément, les agite ou les déforme. Tout est permis du moment que la peinture fait découvrir ou ressortir ce qui passe inaperçu dans la vie quotidienne, que ce soit l'intensité et l'émotion d'un moment ou l'expression du fantastique.

Il n'y a pas une seule manière de composer, il y en a mille, et toutes diffèrent considérablement d'un artiste à l'autre, d'une peinture à l'autre. L'imperceptible inclinaison d'un buste, la trajectoire précise suivie par la tige d'une fleur, le tronc tordu d'un arbre ou la courbe rythmée d'un fruit sont suggérés par la nature. Mais c'est l'artiste qui les crée véritablement sur la toile, c'est sa propre sensibilité que lui permet de maîtriser tel ou tel rythme, de mettre l'accent sur tel mouvement de torsion ou d'ordonner concrètement les tiges des fleurs. Le fondement de la composition artistique – comme de tout ce qui importe vraiment en art – réside dans l'intuition du peintre, dans ses critères de choix.

Ce livre propose au lecteur, plutôt qu'une étude exhaustive de tout ce qui concerne la composition, une initiation accesible à ce grand art. En effet, la *composition* concerne toutes les techniques picturales, du dessin à la peinture, tous les thèmes, toutes les traditions... Mais cet ouvrage ne prétend pas couvrir un aussi vaste territoire.

Les quelques vérités énoncées au long des différents chapitres sont attribuées aux écrits de grands historiens et critiques d'art. Parmi eux, celui qui a le plus contribué à la compréhension de ce problème fut Heinrich Wölfflin, dont les admirables *Principes fondamentaux de l'histoire de l'art* (1915) inaugurent une vision moderne de la composition. Le contenu de ce livre doit beaucoup aux écrits de Wölffin et aux études qu'ils inspirèrent. Son utilité pour les étudiants découle de l'enseignement transmis par José M. Parramón, de sa manière d'aplanir les difficultés, de trouver ce qui importe dans la pratique, de susciter la curiosité et de guider les pas du débutant. Ses travaux, exposés dans d'autres ouvrages de cette collection, ont constitué pour nous une aide précieuse. Nous avons voulu les imiter et nous espérons que le lecteur trouvera ici tout ce qui a constitué leur attrait.

David Sanmiguel

2

Fig. 2. David Sanmiguel, diplômé en beaux-arts, est un fidèle collaborateur de l'équipe Parramón qui crée les livres de pédagogie et de pratique artistique.

3

LA COMPOSITION À TRAVERS L'HISTOIRE

Comme les notes et les silences en musique, les éléments mis à la disposition du peintre sont limités mais les possibilités offertes par leur combinaison sont infinies. La composition est l'art d'associer ces éléments. Son histoire est celle du choix effectué à chaque époque par les peintres dans ce vaste champ de possibilités. Parfois, les associations se ressemblent, mais elles ne se répètent jamais. Chacune porte la marque de son temps, avec un sens de l'ordre et une vision du monde qui lui est propre.

À l'aube de la composition artistique

Les historiens s'accordent pour diviser l'évolution de la création artistique en deux grandes périodes : la première correspond aux sociétés primitives de la préhistoire, et plus concrètement à la période du paléolithique (entre 30 000 et 9 000 av J.-C.), la seconde recouvre tout ce qui lui a succédé.

L'un des aspects les plus significatifs distinguant l'expression artistique de ces deux périodes constitue précisément le sujet de ce livre : la composition.

L'art primitif, celui du paléolithique, est connu sous le nom d'art rupestre, ou art des cavernes. Les peintures rupestres étaient réalisées avec des moyens certes très rudimentaires, mais guère différents de ceux utilisés par les peintres modernes : pigments naturels obtenus avec différentes terres ou avec du sang d'animaux et pinceaux confectionnés à partir de bâtonnets en bois et de poil animal. Les peintres travaillaient sur les murs des cavernes avec des procédés comparables à la fresque, à l'huile ou à l'aquarelle ; sur ce plan aussi, les techniques ont évolué peu à peu.

Cependant, aucun visiteur n'y trouvera de véritables fresques. Les peintures, le plus souvent des animaux ou des scènes de chasse, sont réparties ici et là sans ordre ni harmonie. Elles sont inclinées, inversées, grandes, petites... et recouvrent une surface indéterminée dont les seules limites sont celles de la caverne. Nous ne devons toutefois pas oublier que la lumière naturelle pénétrait peu dans ces cavernes et que les torches ne rendaient visibles qu'une partie des peintures. Il est probable que leurs habitants n'embrassaient jamais du regard la totalité de la surface peinte. Même une observation, fragment par fragment, ne permet pas à l'observateur de déterminer où commence et où finit une scène donnée ; il lui faut changer de position et de point de vue constamment pour passer d'un détail à un autre.

Tout cela a sa raison d'être. Le caractère esthétique des peintures rupestres ne peut être séparé de leur fonction religieuse, rituelle ou magique. Des bisons, des chevaux et des cerfs peints sur la caverne dépend la subsistance de ces communautés. Les représenter sur la roche est un moyen « magique » de dominer ces animaux, de s'assurer du succès de la chasse et de se protéger contre les dangers. De plus, pour accroître le pouvoir de telles images, les primitifs utilisent les saillies de la roche pour représenter le volume du corps de l'animal, et les peintures sont plus fonction de ces renflements que de critères esthétiques.

Une caverne n'est pas une construction. Sa forme et ses limites ne sont pas imposées par l'homme mais par la nature. Les œuvres picturales n'ont donc pas de limites définies et l'artiste ne connaît pas la *composition* car il n'a pas à composer ses peintures. Cela étant, nous pouvons énoncer un principe élémentaire : *la composition artistique apparaît lorsque l'artiste doit fixer des limites à son œuvre.*

La véritable composition artistique apparaît en même temps que l'architecture. Lorsque les hommes commencent à cultiver la terre, ils délimitent des surfaces, puis élèvent des enceintes, construisent des maisons et des temples. Les artistes se trouvent confrontés à des espaces bien définis, à des dimensions et à des proportions qui limitent leurs œuvres. C'est alors que nous assistons à la naissance d'une véritable composition. Et voici le second principe de base : *la composition est l'art de concevoir des limites et de répartir les formes à l'intérieur de celles-ci en respectant certaines dimensions et proportions.*

Ce phénomène fait son apparition à partir du néolithique, il y a 8 000 ans environ, lorsque l'homme commence à vivre dans des maisons construites en

4

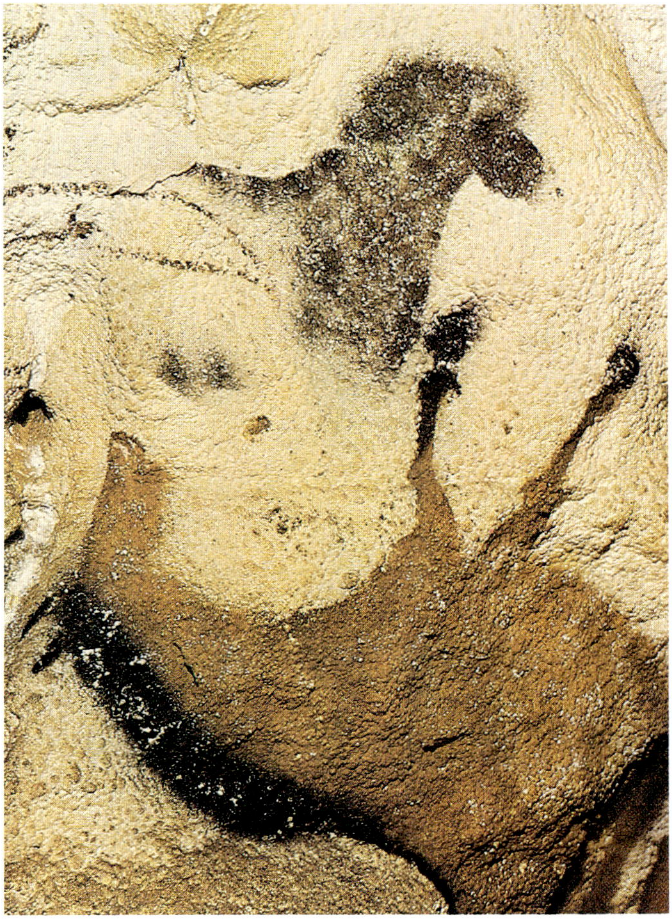

Fig. 3. *(Page précédente.) Penthée, roi de Thèbes, lapidé par des Bacchantes*, IIe siècle av. J.-C.). Fresque de la Casa dei Vettii, Pompéi.

Fig. 4. Chevaux peints sur une paroi des grottes de Lascaux. Les figures inversées ou inclinées sur une même surface impliquent l'absence d'un point de vue unique.

dur. L'art du néolithique se limite au dessin et à la décoration des objets domestiques. Quelques poteries ont été découvertes, décorées de motifs géométriques qui montrent déjà un sens du rythme, de la répartition de l'espace et de l'association de lignes droites et courbes. Ces facteurs impliquent l'existence d'une recherche de composition et font que la période néolithique constitue aussi la « préhistoire » de la composition artistique.

5

Fig. 5. Entrée de l'une des grottes de Lascaux (environ 20 000 ans). La configuration des grottes ne permet pas au peintre de développer une composition cohérente.

Fig. 6. Une paroi des grottes de Lascaux. La superposition de différents motifs obéit davantage à des considérations rituelles ou magiques qu'à une recherche de composition. Aucune limite précise fixée par l'artiste ne conditionne la succession des images.

6

L'Égypte et les premières compositions

7

8

Les débuts de la civilisation égyptienne se situent vers 3 200 avant J.-C., alors que s'unifient, sous les dynasties pharaoniques du début de l'Ancien Empire, les royaumes de Haute-Égypte (le centre de l'Égypte actuelle) et de Basse-Égypte (le delta du Nil). Se succèdent ensuite trois grandes périodes artistiques : le Moyen Empire (fondé vers 2 065 av. J.-C.), le Nouvel Empire (fondé vers 1 555 av. J.-C.) et la Basse Époque (de 715 à 330 av. J.-C.). Pendant cette longue histoire, les goûts, les styles et les techniques subissent de notables modifications. Cependant, l'art produit par la civilisation égyptienne possède une unité et un caractère qui la distingue aussi bien des civilisations archaïques que des développements artistiques postérieurs aux dynasties pharaoniques. L'unité de l'art égyptien est basé sur le profond traditionalisme de sa culture. Pour les Égyptiens, l'art possède une finalité très concrète : la représentation du permanent, de l'intemporel et de l'éternel. La peinture égyptienne symbolise des concepts plutôt que des scènes ou des événements réels. Il s'agit de circonstances précises, comme le cycle des saisons, les travaux des champs ou les cérémonies religieuses ; des situations qui représentent des stéréotypes et non des individus car elles se répètent année après année et génération après génération.

Fig. 7. Peintures murales du Nouvel Empire. Tombeau de Nakht, Thèbes. La peinture de l'Égypte ancienne répond à des objectifs très précis : l'expression de l'intemporel, de ce qui éternellement se répète. C'est pour cela que l'art égyptien trouve sa place dans les temples et dans les chambres mortuaires, en des lieux où les fresques prennent toute leur signification.

Fig. 8. *Scène de chasse dans les marais.* Peinture murale du Nouvel Empire. British Museum, Londres. Le peintre égyptien jouit d'une plus grande liberté de composition lorsqu'il aborde des thèmes « mineurs », comme la représentation d'animaux ou de plantes ; la composition perd alors de sa rigidité pour gagner en mouvement et en fantaisie ornementale.

C'est pour cette raison qu'on ne peut identifier aucun portrait ni aucune scène comme étant le reflet d'un personnage ou d'un fait précis s'étant « réellement » produit.

Cette conception de la peinture impliquant des techniques de composition parfaitement établies a été définie avec raison comme un art essentiellement « graphique », basé sur des idéogrammes.

C'est ainsi que les différentes parties d'un personnage se trouvent toutes sur le même plan vertical, comme « collées » à la surface du mur, totalement en aplat et sans aucune intention manifeste de représenter la profondeur. Il suffit au peintre égyptien de souligner les attributs permettant d'identifier clairement tel ou tel personnage, sans se préoccuper d'être « réaliste » au sens où nous l'entendons. Ainsi, la tête ou les jambes se distinguent mieux de profil que de face, de même que les contours de l'œil, tandis que le tronc et le mouvement des bras vont être représentés de face. Cette méthode est employée pour tous les personnages, seule varie leur taille qui est fonction de l'importance ou de la catégorie sociale de chacun d'eux.

Toutefois, les artistes égyptiens montrent leur sens aigu de l'observation des animaux et des différentes ethnies en les caractérisant avec finesse et précision. Cet aspect a été bien mis en évidence par l'historien E. Gombrich qui note que « l'Égyptien aiguisait son regard pour différencier le profil d'un Nubien ou d'un Hittite, pour distinguer les poissons et les fleurs, mais il ne manifestait aucun besoin d'observer ce qu'on ne lui demandait jamais de représenter ». Et on n'exigeait jamais de l'artiste un portrait du pharaon ou d'un familier.

Portés par ce principe de clarté absolue, les artistes réalisent leur composition le long de frises successives, comparables parfois aux vignettes de nos bandes dessinées, qui leur permettent de développer une peinture en s'attachant uniquement au concept ou à l'idée générale qu'ils souhaitent exprimer. Le mur se parcourt de haut en bas, comme une écriture sur un parchemin, en utilisant tout l'espace disponible.

Sans recourir ni à la profondeur ni aux ombres, mais en respectant totalement la planitude du mur avec un sens profond de la décoration, la peinture égyptienne est l'exemple de composition artistique le plus attrayant et le plus équilibré que l'on puisse concevoir.

Fig. 9. *Le peuple d'Israël demandant la permission d'entrer en Égypte.* Peinture murale du Moyen Empire. Tombe de Beni-Hasan, Moyenne Égypte. La composition égyptienne dispose les scènes en frise, permettant ainsi de les contempler successivement.

9

Le canon égyptien, première méthode de composition

En 1842, l'égyptologue allemand Lepsius découvre que les personnages alignés les uns au-dessus des autres sur une fresque d'une tombe égyptienne sont recouverts d'un quadrillage. Une centaine d'exemples semblables ont été trouvés par la suite. Lepsius interprète ce quadrillage comme étant un système fixe de proportions facilitant la représentation picturale. En 1849, il affirme : « Nous pouvons maintenant distinguer clairement et catégoriquement les différentes époques de l'art égyptien, avec des caractéristiques propres à chacune d'elles... sur des monuments inachevés, j'ai trouvé des exemples de trois différents canons des proportions permettant de représenter le corps humain. » Ces affirmations sont très discutées, et même rejetées par d'autres chercheurs qui considèrent que les quadrillages sont un procédé permettant de reproduire un dessin à plus grande échelle sur un mur. Les artistes de toutes les époques ont quadrillé leurs dessins pour les reproduire sur leur toile ou sur un mur en respectant la structure de la composition, et il est probable que les artistes égyptiens utilisèrent des méthodes similaires pour réaliser leurs fresques.

La question reste ouverte. Aujourd'hui, cependant, la plupart des experts acceptent l'idée que les Égyptiens possédaient leur propre système permettant de respecter les proportions du corps humain.

Selon de récentes études, la mesure de base servant à la composition de leurs personnages était le poing fermé : un carré déterminé, d'un côté, par la distance allant de la jointure des doigts au départ du poignet et, de l'autre, par la largeur de la main en y incluant le pouce. Les quadrillages étaient réalisés à partir de ce premier module. Le peintre savait qu'il devait situer la cheville sur la première ligne horizontale, le genou sur la sixième, les épaules sur la seizième et ainsi de suite.

Pendant la période classique de l'art égyptien (Moyen et Nouvel Empire), les personnages s'inscrivent dans un quadrillage comprenant 18 carrés, allant de la plante des pieds jusqu'à la racine du nez : trois pour la tête (avec le sommet du crâne), dix des épaules

Fig. 10. Statuette en bois polychrome du Moyen Empire. Musée du Louvre, Paris.

Fig. 11. *Couple royal : Aménophis IV et son épouse Néfertiti.* Peinture murale du Nouvel Empire. Staatliche Museen, Berlin.

10

11

jusqu'aux genoux et enfin six des genoux à la plante des pieds. Ce système de proportions perdure jusqu'à la XXVe dynastie (VIIIe siècle av. J.-C.), après quoi il passe de 18 à 21 carrés. Cette modification affecte la longueur du torse en rendant les personnages plus sveltes.

Parallèlement à ce « poing fermé », le système de proportions égyptien comprenait des mesures comme la « coudée royale » (du coude à l'extrémité du médius) ou la « petite coudée » (du coude à l'extrémité du pouce). On peut observer cette mesure sur les personnages faisant le geste habituel du bras légèrement fléchi vers l'avant. L'avant-bras, aussi bien étendu qu'en flexion, occupe le même nombre de carrés pour une « coudée ».

Les mesures se compliquent avec des divisions et des subdivisions correspondant aux doigts.

Les proportions du système égyptien influencent d'une manière décisive la conception grecque d'un canon universel.

12

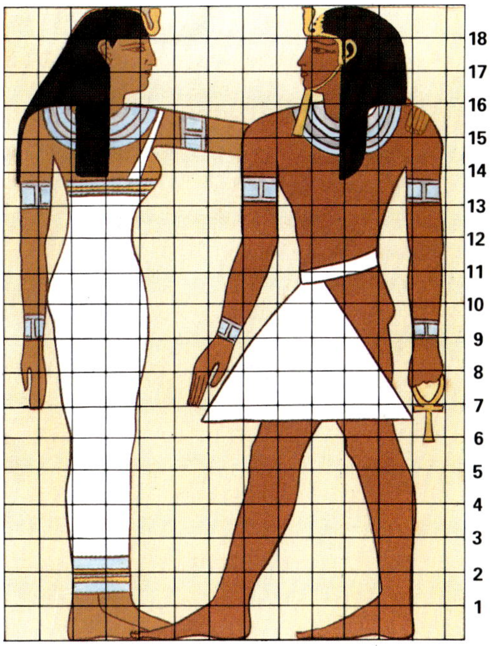

13

Fig. 12. Quadrillage de composition correspondant au canon du Nouvel Empire comprenant 21 poings un quart.

Fig. 13. Quadrillage de composition correspondant au canon du Moyen Empire. La hauteur du personnage jusqu'à la racine du nez est de 18 poings.

Fig. 14. Le canon égyptien repose sur le « poing », qui correspond au dos de la main, de la jointure des doigts au poignet, sur la « coudée royale » qui va de la face interne de l'articulation à l'extrémité du médius et sur la « petite coudée », qui s'arrête au bout du pouce.

14

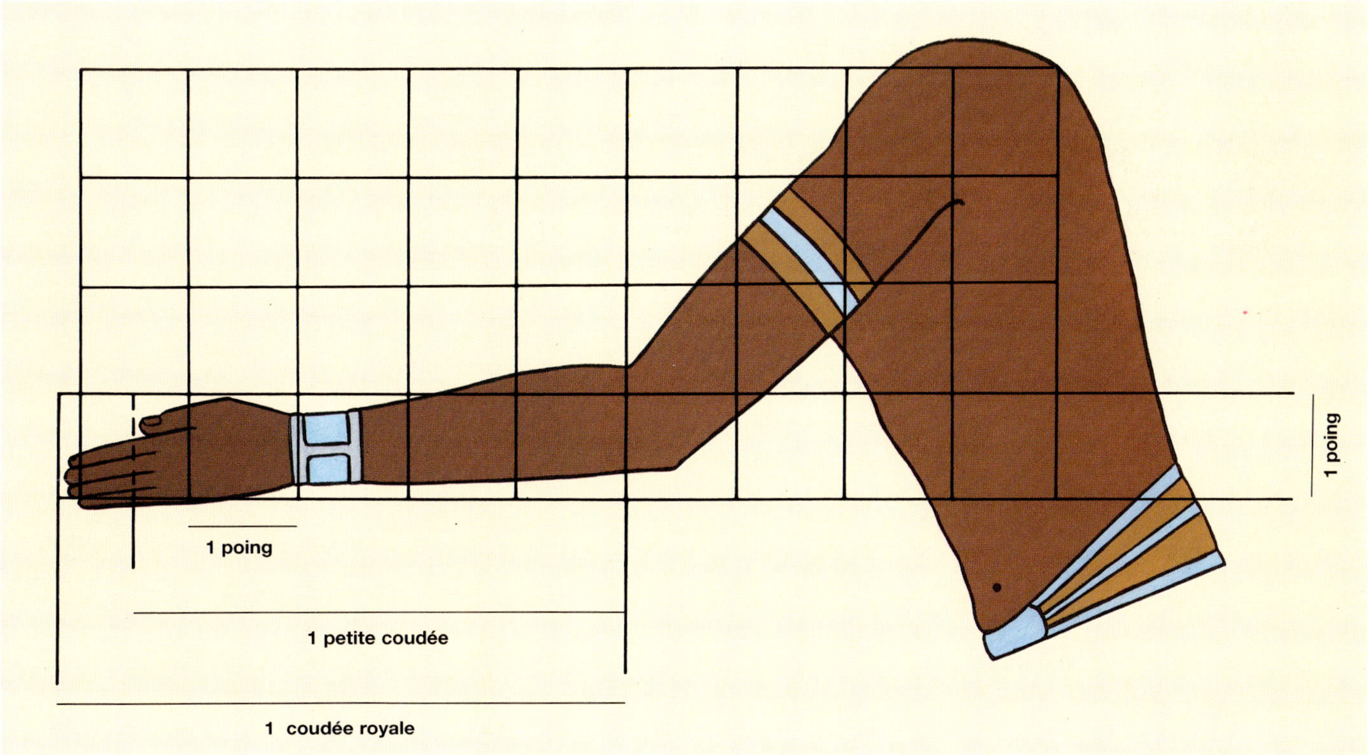

La *révolution* grecque

L'art grec archaïque subit tout d'abord les influences orientales et égyptiennes (vers 600 av. J.-C.), avant de développer différents styles figuratifs qui aboutissent à l'expression artistique de la Grèce classique (vers 400 av. J.-C.). C'est alors que naît un style architectural, sculptural et pictural nouveau qui influencera ensuite l'art occidental.

L'historien Emmanuel Loewy est le premier, au début du XXe siècle, à constater la rapide évolution de l'art grec de l'époque archaïque (du XIe siècle au début du Ve siècle av. J.-C.) jusqu'à la période classique (480-330 av. J.-C.). Il remarque que l'art archaïque représente tout d'abord les personnages de face en respectant la symétrie (un schéma très proche de la sculpture égyptienne), pour évoluer vers un mode d'expression plus naturel, conséquence de modifications successives issues d'une observation de la réalité, en travaillant à partir de modèles vivants.

Il ne nous est malheureusement parvenu aucune grande composition picturale grecque. Ce que nous savons de la peinture des artistes grecs, nous le devons aux décors des céramiques et à l'enthousiasme d'historiens de l'époque romaine comme Pausanias, Lucien ou Pline l'Ancien. Il y avait alors une intense production d'œuvres peintes sur des supports qui, hormis les objets usuels, pouvaient être des murs, des panneaux de bois ou de mortier. Nous connaissons les noms de quelques grands peintres, tels que Polygnote, habile portraitiste considéré comme l'« inventeur » de la peinture ; Agatharcos, le premier à tenter des compositions en perspective ; Apollodore d'Athènes, surnommé le skiagraphe (« peintre de l'ombre ») pour avoir résolu le modelé des formes par les ombres et innové le mélange des couleurs, car la palette d'un artiste comme Polygnote se composait uniquement de noir, de blanc, de rouge et d'ocre appliqués directement sans mélange. Tous ces apports furent repris et développés par Zeuxis et Parrhasios, peintres légendaires pour leur réalisme et, selon la tradition, rivaux acharnés. On raconte que Zeuxis mit Parrhasios au défi de réaliser une peinture au réalisme insurpassable. Lorsque ce dernier put contempler

Fig. 15. *Le mort héroïsé figuré à cheval.* Fresque d'une tombe (vers 340-320 av. J.-C.). Musée de Paestum.

Fig. 16. *Femme se recoiffant.* Détail d'un lécythe à fond blanc (vers 400 av. J.-C.). British Museum, Londres.

15

16

l'œuvre de Zeuxis, il vit un oiseau essayer de picorer les raisins qu'il avait peints, les confondant avec le vrai fruit. Convaincu de sa victoire, Zeuxis voulut soulever la tenture qui recouvrait la peinture de Parrhasios, mais il dût admettre sa défaite en constatant que la tenture était l'œuvre elle-même. Quelles nouveautés apportent tous ces artistes à l'art de la composition ? Pour la décoration des céramiques, ils jouissent d'une totale liberté en ce domaine : les mouvements des personnages sont naturels et correspondent à la morphologie de chacun (individus jeunes ou vieux, athlétiques, obèses ou même difformes). L'art grec est un art réaliste fondé sur l'étude des formes : une construction juste de chaque membre du corps, des mouvements naturels et des expressions individualisées. De plus, les scènes répondent à une unité d'espace et, bien que la perspective n'apparaisse pas sur les céramiques décorées, elles évoquent pourtant la troisième dimension, la profondeur.

Cette profondeur est exprimée par la superposition des personnages et par l'emploi d'une technique révolutionnaire pour l'histoire de la peinture et du dessin : le *raccourci*.

Le raccourci consiste à représenter une forme comme si celle-ci s'avançait vers l'observateur sur un plan perpendiculaire à lui, ce qui l'écourte de telle sorte que ce dernier l'interprète comme la voyant en profondeur (fig. 17).

L'artiste grec savait exprimer ainsi la profondeur avec un grand naturel. Les raccourcis permettent en effet de représenter des personnages dans toutes les positions : vus de face, de dos, de profil, dc trois quarts, etc. Ainsi, les compositions intègrent le mouvement, le rythme, la vitalité et toutes les expressions possibles.

Fig. 17. *Héraclès entouré de héros.* Détail du *Cratère des Niobides* à figures rouges (vers 460-450 av. J.-C.). Musée du Louvre, Paris. Le bras du personnage situé en haut et à gauche est dessiné en appliquant la technique alors nouvelle du raccourci : vu en profondeur, l'avant-bras se réduit à un ovale.

17

Le canon grec

L'évolution de la composition des figures grecques peut être suivie pas à pas depuis les origines de la sculpture archaïque. Les personnages caractéristiques de l'époque archaïque sont les *kouroi*, jeunes hommes nus dans une posture symétrique conventionnelle, un pied devant l'autre et les poings fermés sur les hanches.

Il en va de même des figures féminines, les *korés*, dont les vêtements tombent en plis symétriques. La même structure se retrouve au début de la période classique : position frontale, symétrie et pied en avant. Toutefois, les personnages paraissent plus détendus et plus vivants, le corps légèrement penché dont le poids repose sur une jambe dans une position déhanchée. Vers 440 avant J.-C., à l'époque classique, le sculpteur Polyclète définit le premier canon des proportions pour le corps humain : le *Doryphore.* Polyclète écrit un traité intitulé *le Canon*, ce qui signifie « la formule » ou « la règle », dans lequel il fixe une hauteur de sept pieds et demi pour le corps humain, ce qui suppose un modèle aux formes robustes et vigoureuses. Le canon de Polyclète définit aussi des relations entre les différentes parties du corps : entre chaque doigt, entre la main et l'avant-bras, entre ce dernier et le bras ; et tout cela à partir d'une observation rigoureuse de l'anatomie. Ce concept est toujours mis en pratique de nos jours dans les écoles d'art lorsqu'il s'agit d'étudier et de dessiner le corps humain.

À partir de Polyclète, la statuaire grecque évolue avec naturel, en adoptant le plus souvent une pose harmonieuse dite « position hanchée », ou encore « posture ischiatique » : la hanche est surhaussée du côté de la jambe sur laquelle repose le corps, tandis que l'épaule retombe. Vers 320 avant J.-C., le sculpteur Lysippe présente une sculpture plus svelte appelée *Apoxyomène* et construite à partir d'un nouveau canon à huit têtes.

Lysippe, l'artiste préféré d'Alexandre le Grand, rompt définitivement avec la posture conventionnelle en faisant tourner les épaules et les hanches en sens opposé. À la période hellénistique (IVe siècle av. J.-C.), la liberté de mouvement des personnages est totale ; une liberté que les peintures sur céramique mettent en évidence. La recherche de formes élégantes et sveltes amène les artistes à appliquer le canon à huit têtes, mais aussi très souvent à neuf têtes ou plus, démontrant ainsi une parfaite maîtrise de l'anatomie et du mouvement.

18

19

Fig. 18. *Hermès portant Dyonisos enfant,* Praxitèle (330 av. J.-C.). Musée archéologique, Olympie.

Fig. 19. *Apollon de Piombino,* bronze, pastiche archaïsant (Ier siècle av. J.-C.). Musée du Louvre, Paris.

Fig. 20. *La chasse au lion,* détail d'une mosaïque de galets (fin du IVe siècle av. J.-C.). Musée de Pella (Grèce). Les Grecs étudièrent l'anatomie et les proportions du corps humain. Ici, la description anatomique se limite à quelques graphismes s'inspirant de la peinture sur céramique.

Fig. 21. Copie romaine en marbre du porte-lance en bronze, ou *Doryphore,* de Polyclète (vers 440 av. J.-C.). Musée archéologique national, Naples. Avec cette œuvre, Polyclète fixe le canon à sept têtes et demie.

20

Fig. 22. *Thanathos, Alceste, Hermès et Perséphone* (?), bas-relief d'une colonne (seconde moitié du IVe siècle av. J.-C.). British Museum, Londres. Les œuvres grecques appartenant à différentes périodes reflètent les canons alors en vigueur. Cette œuvre applique le canon du *Doryphore* de Polyclète.

21

22

La Rome classique

23

Dès son origine, l'art romain est influencé par la Grèce. Il apparaît au VIe siècle avant J.-C. en Étrurie, au centre de l'Italie. L'art étrusque se manifeste comme une projection de l'art grec et s'affirme lorsque Rome commence à dominer l'Italie centrale, avant d'entrer en contact avec les villes grecques du sud de la péninsule. Les trésors de l'art grec sont ensuite transférés à Rome, dont les habitants deviennent très vite de passionnés et enthousiastes collectionneurs.

Fig. 23. Mosaïque représentant une composition d'animaux marins et provenant de Pompéi (Casa VIII, Ier siècle av. J.-C.). Musée archéologique national, Naples.

Fig. 24. Peintures murales provenant de Boscoreale, sur les flancs du Vésuve (vers 50 av. J.-C.). Metropolitan Museum of Art, New York.

Fig. 25. Portrait de femme provenant du Fayoum, Égypte (IIe siècle av. J.-C.) ; Musée archéologique, Florence.

24

25

Cette tendance est telle que les historiens romains méprisent les productions artistiques originales postérieures à la période classique de l'art grec. C'est le cas de Pline l'Ancien, qui affirmait qu'après cette grande période de création, « l'art s'était arrêté ». En accord avec ces critères, les artistes se limitent à reproduire fidèlement les grandes œuvres grecques. Plus encore, étant donné que l'on connaissait tout des découvertes grecques concernant la représentation du corps humain, de ses muscles et de ses mouvement, on ne pouvait qu'associer d'une manière ou d'une autre les figures parfaites de l'héritage grec. En outre, les empereurs romains ne cherchent ni à cultiver ni à promouvoir l'art en tant que tel, sinon en tant qu'instrument au service du politique. Au temps d'Auguste (63 av. J.-C. - 14 ap. J.-C.), et pour la seule ville de Rome, il y avait quelque quatre-vingts statues le représentant en effigie.
Tout n'est cependant pas imitation et propagande dans la Rome antique ; le portrait, la nature morte ou la décoration murale connaissent un extraordinaire développement en devenant, pour la première fois dans l'histoire de l'art, des thèmes picturaux à part entière. Les portraits funéraires provenant des provinces du nord de l'Égypte, ainsi que les natures mortes peintes à la fresque, innovent sur le plan de la composition et se rapprochent même, parfois, de certaines réalisations contemporaines (fig. 25, 26 et 27).
La décoration murale, préservée à Pompéi et à Herculanum par l'éruption du Vésuve, montre la capacité imaginative des peintres romains dès qu'il s'agit de composer des paysages décoratifs, surtout des jardins et des architectures, en se servant de multiples effets de perspective pour restituer une profondeur panoramique. Ces compositions fantaisistes atteignent un tel degré que Vitruve, dans son traité *De Architectura*, s'en plaint en ces termes : « Au lieu de représenter avec véracité des choses bien définies, on peint aujourd'hui des fresques monstrueuses... avec des roseaux à la place de colonnes... des tiges tendres et recourbées s'élevant depuis leurs racines et sur lesquelles des personnages se trouvent stupidement posés. De telles choses n'existent pas et ne pourront jamais exister. » Ces commentaires pourraient tout aussi bien s'appliquer au courant surréaliste du XXe siècle.

26

Fig. 26. *Nature morte dans la maison de Julia Félix, à Pompéi* (avant 79 av. J.-C.). Musée archéologique national, Naples.

27

Fig. 27. *Nature morte à la corbeille en osier,* après 1953, André Derain (1880-1954). Collection particulière. Certaines peintures contemporaines, comme les natures mortes d'André Derain, furent inspirées par des compositions romaines.

L'Inde, l'Islam et la Perse

L'art indien est celui du bouddhisme et de la sculpture. Jusqu'au IXe siècle de notre ère, les architectes et les sculpteurs indiens construisent des temples et des sanctuaires décorés de nombreuses sculptures taillées dans la pierre même.

Parmi ces constructions se détachent les 27 cavernes des monts Ajantâ, dans l'Inde centrale, aménagées en sanctuaires et en monastères décorés de peintures murales. Les fresques d'Ajantâ sont les seuls exemples nous permettant de connaître la peinture de l'Inde classique. Cet extraordinaire ensemble, dont la réalisation prit des siècles, se caractérise par une figuration inspirée des principes de la danse. Ces remarquables fresques aux lignes sinueuses, d'une grande richesse ornementale, servirent de modèle pour l'illustration des manuscrits, le style pictural dominant à partir du Xe siècle. L'an 1526 voit s'installer la dynastie monghole. C'est un tournant crucial dans l'art indien qui, par la suite, subit l'influence islamique. Il conserve cependant sa propre personnalité, caractérisée par l'usage constant d'un point de vue surélevé et par l'application d'une perspective élémentaire pour la reproduction des édifices. Les épisodes représentés se déroulent sur un même plan frontal, tandis que la richesse des détails, la luminosité des couleurs et la vivacité de l'anecdote l'emportent sur les aspects réalistes (volume, ombre et lumière).

L'Islam fut instauré par le prophète Mahomet en l'an 622. Cent ans plus

28

Fig. 28. Frontispice d'un exemplaire du Coran (1182). Bibliothèque de l'université, Istanbul.
Fig. 29. Détail d'une figure féminine, fresque d'Ajantâ (Ve-VIIe siècle).
Fig. 30. *Portrait d'un courtisan* (vers 1615), École de Bijâpur. British Museum, Londres.

29

30

tard, il couvre un immense territoire allant de la source d' l'Indus au Tibet, jusqu'à l'océan Atlantique. Il intègre tous les peuples au sud de la Méditerranée. Le Coran ne proscrit pas la représentation du corps humain, mais les théologiens musulmans l'ont plus tard interdite. L'artiste islamique invente toute une diversité de *grecques* (motifs constitués de lignes brisées à angle droit), d'ornementations très variées aux encadrements complexes, et sait faire preuve d'une authentique imagination.

L'art figuratif renaît au XVIe siècle, lorsque le fondateur de la dynastie moghole, Babur, envahit l'Inde et crée la première école de miniatures dans le style persan. La miniature perse est élaborée à la manière d'un tapis ; les raccourcis en sont absents, ainsi que toute volonté de montrer les effets d'ombre et de lumière ou de structurer les corps. Les personnages et les plantes se découpent sur le fond et se répartissent sur la page dans un ensemble parfaitement équilibré.

Fig. 31. *Lion et lionne,* Bestiaire persan (1298), Morgan Library, New York. La splendeur de l'art persan se manifeste dans l'illustration des manuscrits et traduit, comme ici, une étonnante affinité entre le graphisme du texte et celui des figures ; tous deux possèdent une élégance calligraphique qui fait du mot un ornement et du dessin une écriture.

31

32

33

Erreur ou distorsion volontaire ?

Cette illustration de l'école moghole offre une étonnante curiosité sur le plan de la composition. Observez la maison où se déroule la scène principale : le mur du fond accuse une perspective impossible à l'endroit où se trouve le démon féminin. Est-ce une erreur ?... peut-être. Mais il se peut aussi que l'artiste se soit servi de cette « distorsion » pour souligner la nature irréelle et mystérieuse de ce personnage présent dans la nuit comme dans un rêve.

La composition en Extrême-Orient

Ce sont les paysages qui traduisent le mieux les caractéristiques propres à la composition picturale chinoise. Les artistes chinois ont imaginé une technique leur permettant d'exprimer la profondeur sans l'aide de la perspective. Cette méthode, connue sous le nom de « point de vue ascendant », consiste à superposer les différents plans d'un paysage au lieu de les situer les uns derrière les autres. Les arbres, les rochers, les rivières ou tout autre élément de la peinture diminuent en taille selon qu'ils occupent un plan plus ou moins haut dans la composition. L'impression qui en résulte est souvent celle d'une monumentale élévation rocheuse, ou d'un vaste panorama vu à vol d'oiseau.

Comme en Chine, la peinture japonaise est déterminée par les techniques et les supports utilisés : le papier, la soie et les encres polychromes. À partir du XIXe siècle s'impose une forme d'expression artistique qui marque le début d'une tradition typiquement japonaise : le rouleau narratif, ou *yamato-e* (littéralement, peinture nationale).

Fig. 34. *Retour d'une excursion printanière,* attribué à Tai Tsin (début du XVe siècle). Musée du Palais, Taïwan.

Fig. 35. *Navire passant près d'un temple bouddhiste,* Wou Li (1632-1718). Musée du Palais, Taïwan. Ces deux paysages furent composés selon la méthode traditionnelle chinoise du point de vue ascendant. Grâce à cette technique de composition, la profondeur d'un paysage se traduit par des scènes superposées et un point de vue élevé.

34

35

Les peintures représentées sur ces rouleaux ont donc un format en largeur. Elles narrent des légendes, des événements historiques ou des fictions littéraires qui doivent être contemplés successivement, comme lorsqu'on lit un texte, ce qui impose un type de composition « longitudinal » excluant l'idée de thème central. Il s'agit plutôt d'une succession de scènes reliées entre elles par la continuité des événements.

Vers le milieu du XVIIIe siècle, l'influence de l'art occidental stimule la représentation du corps humain en tant que thème pictural. Ce sont, le plus souvent, d'élégantes figures féminines où toute l'attention du peintre s'est portée sur les éléments décoratifs des vêtements et des coiffures.

Mais, malgré l'influence de l'Occident, la peinture japonaise reste fidèle à ses principes de composition : formes en aplat, polychromie sans ombre et maîtrise absolue de la ligne sinueuse et ornementale. Ces caractéristiques auront une grande répercussion sur la peinture européenne avec l'arrivée de l'impressionnisme.

36

Fig. 36. *Amour mélancolique,* Kitagawa Utamaro (1753-1806). Collection particulière. L'estampe japonaise est l'un des genres les plus raffinés et les plus décoratifs de l'art oriental. La ligne mélodieuse, l'harmonie des coloris s'associent sur une image en aplat, sans ombre, mais dont le volume est évoqué par la seule sinuosité du dessin.

37

Fig. 37. *Bois de Pins* (détail d'un paravent), Hasegawa Tôhaku (1536-1610). Musée national, Tôkyô. Cette peinture sur paravents ou sur portes est caractéristique de l'art japonais.

Les formes médiévales

En l'an 392, l'empereur Théodose déclare le christianisme religion officielle de Empire romain. À cette époque, les formes de l'art classique ont évolué vers un mode d'expression connu sous le nom d'« art paléochrétien », art marquant la transition entre l'Antiquité classique et le Moyen Âge. Par la suite, l'empire se scinde entre, d'un côté, l'Empire romain d'Occident avec Rome pour capitale, et, de l'autre, l'Empire romain d'Orient dont le centre est Constantinople.

Au Ve siècle, le théologien Paulin de Nole condamne l'ornementation des églises avec des scènes de chasse ou de pêche en les qualifiant « d'infantiles et de stupides ». Il affirme la nécessité de représenter la croix ainsi que les scènes de l'Ancien et du Nouveau Testament. L'objectif de l'art doit être d'enseigner au profane les thèmes bibliques et de lui apprendre à prier.

En 725, la nouvelle rigueur artistique mène à l'iconoclasme qui est aboli un peu plus tard, en 787. La restauration des icônes coïncide avec la prospérité économique et politique de Constantinople et l'essor de l'art byzantin : un art monumental et hiératique, conçu pour la décoration des grandes basiliques, où la technique de la mosaïque occupe une place importante. L'absence de modelé est caractéristique de l'art médiéval, aussi bien byzantin que roman, ou même carolingien ou othonien après les invasions barbares. Les formes apparaissent comme « aplaties » sur le mur ou le parchemin (dans le cas des Codex enluminés) et les scènes sont disposées selon des critères plus ornementaux que réalistes. C'est un art symbolique qui ne cherche pas la vérité des formes et où les liserés et les motifs ornementaux acquièrent une aussi grande importance que les personnages et les objets représentés. Les aspects figuratifs et décoratifs sont traités avec le même soin du détail, à tel point parfois que les formes sont stylisées par un ensemble de schémas linéaires, comme sur certaines enluminures de manuscrits anglais ou irlandais, ou sur les fresques de l'art roman catalan.

La composition médiévale

La composition typique des figures byzantines représentant le Christ ou les saints se caractérise par un grand nimbe circulaire entourant la tête. Mais ce nimbe n'est que le plus grand

Fig. 38. Peintures murales décorant l'abside de l'église Sainte-Marie d'Aneu, Lérida (XIIIe siècle). Musée d'art de Catalogne, Barcelone. Les plus remarquables peintures romanes sont celles qui décorent les murs des églises. Cette abside présente une composition murale typique de la peinture romane.

Fig. 39. *Le Bon Pasteur* (milieu du IIIe siècle), peinture murale paléochrétienne. Catacombes de Saint-Calixte, Rome.

38

39

d'un ensemble de trois cercles concentriques : le visage, la chevelure et le nimbe lui-même.

Le problème de la profondeur

Traduire la profondeur sur une surface à deux dimensions est un problème que toute peinture doit aborder. Sur ce point, l'art médiéval trouve des solutions particulièrement ingénieuses. C'est le cas du baldaquin, ou ensemble de quatre arcs voûtés qui enferme la composition reproduite ci-dessous (fig. 42). L'alternative médiévale à une perspective conventionnelle « correcte » (fig. 44) est une représentation en àplat qui détermine une composition parfaitement symétrique tout en interprétant avec beaucoup de vraisemblance la profondeur de l'architecture (fig. 43).

40

41

Fig. 40 et 41. *Christ bénissant* (XIIIe siècle), détail d'une mosaïque byzantine. Basilique Sainte-Sophie, panneau de la Déisis, vestibule sud, Istanbul ; et schéma de composition à partir de trois cercles concentriques.

42

Fig. 42 à 44. *Codex othonien* (vers 1020). Bayerisches Staatsbibliothek, Munich ; et schémas correspondant à deux représentations d'un baldaquin. Le premier (fig. 43) est celui utilisé par l'artiste du codex ; il favorise la symétrie et l'ordre de la composition, tout en étant vraisemblable d'un point de vue spatial. Le second (fig. 44), bien que vu selon une perspective correcte, ne permettrait pas une composition aussi rigoureuse.

43

44

Le gothique

Vers la fin du XIIIe siècle se développe une ère de prospérité pour les villes européennes ; de nouvelles routes commerciales s'ouvrent, facilitant les échanges culturels. L'art, jusqu'ici apanage des ordres monastiques, commence à être apprécié par l'aristocratie et par la bourgeoisie fortunée. L'art roman était essentiellement un art ecclésiastique. Le XIIe siècle voit apparaître des laïques, des artistes séculiers, réunis en corporation, qui reçoivent des commandes et rivalisent en talent, cherchant à se surpasser. Bien que l'artiste soit toujours considéré comme un artisan, ses œuvres sont appréciées pour leurs qualités esthétiques et se vendent bien.

Abandonnant la représentation schématique du haut Moyen Âge, le peintre gothique « découvre » la nature sous toutes ses formes, son attention se porte vers le particulier : l'atti-

Fig. 45. *Le Couronnement de la Vierge,* Lorenzo Monaco (1370-1429). Courtauld Institute, Londres. La peinture gothique est toujours somptueuse dans sa composition et son ornementation, riche en détails et en matériaux précieux. La représentation est minutieuse et naturelle malgré l'absence de profondeur.

Fig. 46. *Vierge à l'Enfant avec les saints*, Bernadino Daddi (première moitié du XIVe siècle). Courtauld Institute, Londres.

Fig. 47. *Saint Louis de Toulouse couronnant Robert d'Anjou, roi de Naples*, vers 1317, Simone Martini (1285-1344). Musée de Capodimonte, Naples.

45

46

47

tude des personnages, l'élégance des vêtements, la forme des plantes, l'éclat et la qualité des objets...
Mais le réalisme de l'artiste gothique est très particulier, il s'attache au raffinement et au luxe, à tout ce qui est brillant et ostentatoire. Les compositions gothiques sont une débauche de dorures, de tuniques minutieusement brodées, de vêtements conçus pour éblouir les yeux.
Le peintre gothique maîtrise de nombreuses techniques qu'il applique avec une inépuisable fantaisie afin d'obtenir des effets gracieux et recherchés. Les détails sont traités avec réalisme, mais leur combinaison est souvent fantaisiste. Les personnages se meuvent sur des fonds dorés tandis que leurs tuniques se plissent en tous sens pour le simple plaisir de l'arabesque, du tournoiement décoratif. Les mains s'allongent et s'affinent, les visages sont des ovales parfaits, d'un ton lumineux comme de l'émail.
La composition gothique connaît un succès retentissant et s'impose dans toutes les cours d'Europe ; c'est le « gothique international », le style courtisan par excellence, l'ultime splendeur du Moyen Âge.

48

Fig. 48. *Retable consacré aux saints Abdon, Sénen, Côme et Damien,* 1459-1460, Jaime Huguet (1415-1492). Église de Santa Maria de Egara, Tarrassá. Le retable caractérise la composition de l'art gothique ; une composition basée sur un grand panneau central entouré de scènes. Cette structure reflète aussi la complexité de l'architecture gothique.

La « scène » de la Renaissance

C'est en Italie, au début du XIVᵉ siècle, que Giotto révolutionne la peinture. Ses personnages sont « de chair et d'os ». Il ne reste plus rien de la calligraphie plane et ornementale du gothique : le volume est présent, les corps sont modelés comme des sculptures, les personnages se déplacent dans un espace à trois dimensions. Giotto peint des scènes où ceux-ci se meuvent avec un naturel jamais vu jusqu'alors. Les corps prennent appui sur le sol, ils ont une densité, tandis que les tuniques soulignent les formes qu'elles recouvrent. Les fonds dorés ont disparu ; ceux de Giotto sont occupés par des arbres, des rochers ou des cités.

Giotto est reconnu comme celui qui conduit l'art vers une véritable renaissance, comme un peintre comparable aux artistes de l'Antiquité classique. Le sculpteur Lorenzo Ghiberti (qui naît un siècle plus tard) dit de Giotto qu'il « amena l'art naturel ». Le même Ghiberti souligne aussi que les Grecs « inventèrent la peinture et la sculpture en posant les bases de la théorie du dessin, sans laquelle il n'est pas possible d'être un bon statuaire ou un bon peintre ». L'idéal de Ghiberti consiste à oublier le gothique pour revenir aux principes classiques, au réalisme ; voilà l'idéal de la Renaissance. Ghiberti appartient à la génération des grands précurseurs florentins de la fin du XIVᵉ siècle et des débuts du XVᵉ, comme l'architecte Brunelleschi qui reprend, dans son domaine, le style classique et pose les bases de la perspective géométrique, ou comme le sculpteur réaliste Donatello, détracteur de la sculpture gothique, ou encore comme le grand peintre Masaccio, le premier artiste qui parvient à représenter d'une manière cohérente un espace profond sur la surface d'un mur. À ces pionners succèdent de nombreux artistes. Paolo Uccello, par exemple, qui avait l'habitude de s'exclamer : « Quelle belle chose que la perspective ! » ; ou Mantegna, respectueux de la perspective et des thèmes classiques jusqu'au dernier détail ; ou Piero della Francesca, ou Botticelli... Ce qui est certain, c'est que les idées nouvelles entraînent la plupart des peintres en révolutionnant les concepts artistiques européens.

La nouvelle composition, celle de la Renaissance, se fonde sur la perspective. Ni les Grecs ni les Romains ne surent poser les lois mathématiques selon lesquelles la taille des objets diminue en fonction de l'éloignement. Le but du peintre de la Renaissance est de simuler un espace profond en se basant sur un seul point de vue (celui du spectateur) et de soumettre à ce point de vue la totalité de la scène représentée.

49

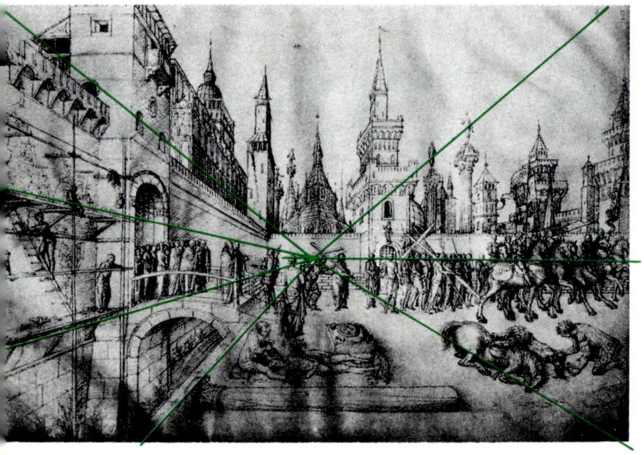

Fig. 49. *Le Christ portant la croix,* Jacopo Bellini (v. 1400-v. 1471). Musée du Louvre, Paris. Dès les débuts de la Renaissance, la perspective géométrique révolutionne la composition. La scène dépend entièrement d'un point de vue unique, celui d'où elle a été perçue.

50

Fig. 50. *Le Massacre des saints Innocents,* Giotto (1266-1337). Chapelle de l'Arena, Padoue. Giotto fut le précurseur d'un nouveau mode de composition incluant le volume. Les personnages, aux formes sculpturales, constituent à présent un ensemble réaliste.

La dimension des personnages dépend de leur position à l'intérieur de cet espace simulé et non, comme au Moyen Âge, de leur importance sociale ou religieuse. Les artistes rivalisent dans la maîtrise de la géométrie et de la perspective en adoptant de nouveaux points de vue d'un réalisme surprenant. Cette époque marque la fin de la composition en aplat, de la forme vue en deux dimensions. S'inspirant de la statuaire classique, les personnages occupent dès lors le volume qui est le leur ; à présent, on peut affirmer que la composition « a les pieds sur terre ».

51

52

53

Fig. 51. *Étang dans les bois,* Albrecht Dürer (1471-1528). British Museum, Londres. Ce paysage à l'aquarelle préfigure d'une manière étonnante le paysagisme du XVIIIe siècle. La Renaissance porte un intérêt nouveau à la nature.

Fig. 52. *La Dame en jaune,* v. 1460, Alesso Baldovinetti (1426-1499). National Gallery, Londres.

Fig. 53. *La Distribution des aumônes et la châtiment d'Ananie,* Masaccio (1401-1428). Chapelle Brancacci, Église Santa Maria del Carmine, Florence.

Léonard de Vinci, Michel-Ange, Raphaël

54

55

Ces trois grands noms de la peinture universelle sont ceux qui portent à leur apogée les idéaux de la Renaissance italienne.

Avant la fin du XVe siècle, Léonard de Vinci a déjà écrit une grande partie de son célèbre *Traité de la peinture.* Cette œuvre permet de connaître non seulement la pensée artistique de son auteur, mais aussi les idées fondamentales qui guidèrent les peintres tout au long du XVIe siècle.

Selon Léonard de Vinci, pour que l'artiste soit digne de son art, il doit se sentir concerné par tout ce qui est réel. Le peintre ne doit pas seulement connaître le corps humain, il doit aussi savoir représenter la nature sous tous ses aspects : les nuages, la pluie, la terre, les fleuves, la transparence de l'eau et la luminosité des étoiles dans le ciel.

L'apport de Léonard de Vinci à la composition picturale est immense. Considérant l'effet de la lumière sous tous ses aspects, il en conclut que « l'excès de lumière durcit les traits, tandis qu'une trop grande obscurité les dissimule ; l'idéal, c'est le juste milieu ». Ce « juste milieu » facilitant la représentation des formes par une progression subtile et graduelle des ombres, c'est le *sfumato,* l'estompage des contours qui se fondent avec l'arrière-plan en plongeant l'ensemble de l'œuvre dans une atmosphère harmonieuse. Dans son traité, Léonard de Vinci remarque que : « Lorsque l'atmosphère est sombre, les formes les plus claires sont celles qui apparaissent dans le lointain. Lorsque l'atmosphère est lumineuse,

Fig. 54. *L'Adoration des Mages,* Léonard de Vinci (1452-1519). Galerie des Offices, Florence. L'œuvre de Léonard de Vinci intègre à l'art une atmosphère nouvelle qui conditionnera l'évolution de la peinture occidentale.

Fig. 55. *Ensevelissement du Christ* (inachevé), Michel-Ange (1475-1564). National Gallery, Londres. Chez Michel-Ange, le sculpteur prend le pas sur le peintre. Ses peintures ignorent le *sfumato* et préfèrent les formes soigneusement ciselées.

les plus éloignées sont alors les formes les plus sombres. » Cela veut dire que l'atmosphère interposée modifie l'intensité chromatique des corps. À la perspective linéaire des débuts du XVe siècle, Léonard de Vinci ajoute cette nouvelle représentation de la profondeur grâce aux effets d'atmosphère. Michel-Ange exprime, lui aussi, quelques idées sur l'art, qui s'opposent d'ailleurs à celles de Léonard de Vinci : « Une peinture me paraît d'autant meilleure qu'elle restitue le relief, et ce dernier est d'autant plus mauvais qu'il se rapproche d'une peinture. » Malgré cette conception à l'opposé du *sfumato* – mais logique de la part d'un sculpteur –, Michel-Ange partage avec Léonard de Vinci son enthousiasme pour le mouvement des personnages dans l'espace. Il rejette les détails minutieux du gothique au profit de l'« exhibition » de l'anatomie en recherchant l'effet grandiose et monumental et en soumettant les corps aux nouvelles règles de composition : « À la raison, à l'art, à la symétrie et aux proportions, à la pensée et au choix, à l'assurance de ce que l'on va faire ; en définitive : à l'essence et à la force. » Raphaël réunit en une heureuse synthèse les découvertes des deux maîtres précédents. L'harmonie qui en résulte est connue sous le nom de « classicisme ». Le classicisme de Raphaël se fonde sur une composition pyramidale parfaitement équilibrée où toutes les parties du tableau s'harmonisent avec naturel. Ceci est particulièrement évident sur les portraits qu'il peignit ; des portraits qui devinrent un modèle de perfection pour les générations suivantes.

Fig. 56. *Le Mariage de la Vierge,* Raphaël (1483-1520). Pinacothèque Brera, Milan. Raphaël résume toutes les innovations de la Renaissance en une claire composition qui servira de modèle au classicisme.

Fig. 57. Schéma de composition pyramidal de *La Femme voilée* de Raphaël. C'est un schéma caractéristique de la période classique.

Fig. 58. *La Femme voilée,* 1516, Raphaël. Palais Pitti, Florence.

57

56

58

Le dessin contre la couleur

59

Fig. 59. *Jupiter terrassant les Vices* (détail), Paolo Véronèse (1528-1588). Musée du Louvre, Paris.
Fig. 60. *Lamentation sur le corps du Christ,* 1528, Jacopo Pontormo (1494-1557). Église Sainte-Félicité, Florence.
Fig. 61. *Allégorie de l'Amour et du Temps,* Agnolo Torri, dit Bronzino (1503-1572). National Gallery, Londres.
Les compositions maniéristes sont des exercices exigeant une grande dextérité.

Vers le milieu du XVIe siècle, le peintre et historien Giorgio Vasari écrivit un ouvrage intitulé *Vies des plus illustres peintres, sculpteurs et architectes.* Dans cette œuvre célèbre, Vasari reprend la production des artistes italiens depuis le milieu du XIVe siècle. Il y écrit : « De tous ces peintres, vivants ou morts, celui qui les dépasse et les domine tous est le divin Michel-Ange Buonarotti. » Vasari, comme Michel-Ange, était florentin, et les artistes de cette ville travaillaient en étant fascinés par l'œuvre du grand sculpteur, par son coup de crayon, plus précisément par son *disegno.* Le mot italien *disegno* intègre la notion de dessin et celle de descriptif en un seul concept ; l'aspect créatif et imaginatif du trait, en quelque sorte. Et il est vrai que le dessin des artistes florentins postérieurs à Michel-Ange est très inventif,

60

61

à tel point que le style qu'ils développèrent fut appelé – avec une pointe de mépris – le maniérisme. Le maniérisme encourage l'usage inconsidéré du raccourci, des points de vue insolites, avec des personnages tombant, s'élevant ou tourbillonnant dans un espace sans pesanteur. Les peintres maniéristes recherchent les compositions complexes. Ils n'hésitent pas à déformer les membres pour rendre les personnages plus sveltes et plus élégants. Les compositions de peintres tels que Pontormo, Rosso ou Le Parmesan ne représentent pas un espace réel. Le leur est imaginaire, dominé par la virtuosité du dessin ; un dessin « coloré », un peu comme celui des peintres gothiques, avec des tonalités lumineuses et décoratives, un peu artificielles, travaillées en clair-obscur.

Tandis qu'à Florence et à Rome s'imposent le dessin, la ligne, Venise rivalise avec la couleur. Le plus grand des coloristes vénitien, Titien, innove par ses compositions. Plutôt que de s'attarder sur le contour des formes, Titien situe les grandes masses d'un tableau grâce aux contrastes de couleur. Nous savons que, dans ses dernières œuvres, il peignait directement au pinceau sur un fond coloré, sans dessin préalable. L'exécution progressait par contrastes successifs, en rehaussant les couleurs ici et là, en corrigeant rapidement et en laissant « respirer » la couleur de fond au travers des diverses couches de peinture. Titien obtenait ainsi de superbes harmonies chromatiques.

C'était là quelque chose de tout à fait nouveau. La tradition exigeait des couleurs se limitant aux contours bien définis des formes, tandis que Titien préféra imposer à tous les éléments du tableau une couleur dominante, qu'il nuançait ensuite par des tons secondaires selon les intensités d'ombre et de lumière.

Venise opposée à Florence ; composer à partir d'un dessin qui enferme et isole les formes, ou composer par la couleur qui, au contraire, les intègre à l'ensemble. Comme tous les problèmes essentiels de composition, celui-ci est un dilemme perpétuel.

Fig. 62. *Atalante et Hippomène,* 1625, Guido Reni (1575-1642). Musée du Prado, Madrid.

Fig. 63. *Danaé recevant la pluie d'or,* Titien (v. 1490-1576). Musée du Prado, Madrid.

62

63

La composition baroque

L'expression « baroque » équivaut à chamarré, surchargé, précieux... Et il y a un peu de cela dans la composition picturale de l'art baroque, une forme d'expression qui s'étend de la fin du XVIe siècle au milieu du XVIIIe siècle et qui compte parmi ses représentants des artistes tels que Le Caravage, Rubens, Rembrandt ou Vélasquez.

L'originalité du Caravage – ce qui étonna le plus à son époque – tient à l'utilisation qu'il fait de la lumière ; l'exploitation d'un clair-obscur poussé à l'extrême que l'on nomme le « ténébrisme ». Le Caravage s'oppose au classicisme de Raphaël et, d'une manière générale, à l'élégante harmonie de la Renaissance, par un emploi du contraste comme élément essentiel de la composition. Sa peinture se fonde sur une forte opposition des zones d'ombre et de lumière, une opposition d'un réalisme surprenant.

Le Caravage innove également en laissant une grande partie de la toile en noir (ou dans un ton très foncé), ce qui aurait été impensable pour un artiste du Moyen Âge ou de la Renaissance, et que bon nombre de ses contemporains rejettent en allant jusqu'à le qualifier d'« antéchrist de la peinture ». Son influence est toutefois décisive chez la plupart des grands peintres baroques. Rubens, entre autres, copie certaines de ses œuvres et apprend à maîtriser le clair-obscur. Mais, par tempérament, Rubens est un coloriste à la manière de Titien, sans parler de sa virtuosité graphique. Il possède toutes les qualités d'un grand peintre et son art l'impose comme le meilleur représentant du style baroque.

Rubens maîtrise les compositions monumentales. Il sait associer de nombreuses figures en mouvement en traitant avec une égale intensité le dessin et la couleur. Dans son atelier immense, entouré d'apprentis, Rubens compose à partir de schémas dynamiques : courbes, spirales et, surtout, constructions en diagonale typiques du style baroque.

Vélasquez commence comme caravagiste, travaille avec Titien en Italie, est conseillé par Rubens à Madrid et finit par peindre comme eux tous réunis ; réaliste comme Le Caravage, coloriste comme Titien et désinvolte comme Rubens. Sa composition est si parfaite qu'elle s'efface devant la réalité. Vélasquez, comme Titien ou Rubens, peint sur un fond coloré et ébauche ses personnages à la pointe du pinceau. Il ajuste ses couleurs en cours de route, après que son sujet eut été construit succinctement et avec une aisance étonnante.

Rembrandt, qui ne quitte jamais sa Hollande natale, n'ignore rien de l'art italien. Son clair-obscur est aussi intense, sinon plus, que celui du Caravage, mais sa lumière ne provient pas d'une source précise, elle semble plutôt surgir des objets eux-mêmes. Ses compositions reprennent toutefois très souvent le schéma baroque en diagonale, qui accentue la profondeur et souligne la trajectoire de la lumière. Mais ce qui le distingue des autres maîtres du baroque et place son œuvre parmi les plus importantes de la peinture universelle, c'est sa merveilleuse utilisation de la matière picturale, de la pâte appliquée au pinceau, mais aussi au couteau ou même avec les doigts. Ces libertés prises avec la technique n'auront guère d'impact dans l'immédiat, mais elles seront redécouvertes par les artistes du XXe siècle, et on peut voir aujourd'hui l'usage que de nombreux peintres font de la matière.

64

65

66

Fig. 64. *L'Enlèvement des filles de Leucippe,* vers 1617, Pierre Paul Rubens (1577-1640). Alte Pinakothek, Munich. La peinture de Rubens reprend toutes les caractéristiques de la composition baroque : le mouvement des corps, la maîtrise des courbes et des spirales et le schéma en diagonale.

Fig. 65. *Les Ménines,* 1656, Diego Vélasquez (1599-1660). Musée du Prado, Madrid. Le réalisme de Vélasquez dissimule une composition très subtile et très sophistiquée.

Fig. 66. *David vainqueur de Goliath,* Le Caravage (1573-1610). Musée du Prado, Madrid. Le Caravage utilisa d'intenses contrastes d'ombre et de lumière, un clair-obscur poussé à l'extrême que l'on qualifia de *ténébrisme*.

Fig. 67. *La Ronde de nuit,* 1642, Rembrandt Van Rijn (1606-1669). Rijksmuseum, Amsterdam. Le clair-obscur de Rembrandt va au-delà du réalisme pour créer une atmosphère fantastique.

67

Le néo-classicisme

C'est à partir de 1760 que s'impose, aussi bien en Europe qu'en Amérique, un courant de pensée se caractérisant par un attrait nouveau pour les œuvres de l'Antiquité classique. Cet intérêt se trouve renforcé par les découvertes archéologiques de Pompéi et d'Herculanum, ainsi que par les idées artistiques de l'historien allemand Winckelmann qui prône la supériorité de l'art grec et invite à l'imiter.

Le premier peintre à réaliser des œuvres en accord avec cette pensée est Anton Raphaël Mengs, qui se fixe pour objectif de « perfectionner » la nature en s'inspirant des artistes de l'Antiquité, en corrigeant leurs imperfections en fonction des canons de l'harmonie classique afin de parvenir à une forme de réalisme idéalisé.

Les peintres néo-classiques prennent aussi, comme modèle d'équilibre, de mesure et d'harmonie dans la composition, des artistes tels que Raphaël et Nicolas Poussin.

La nostalgie de l'ordre antique fit que l'on introduisit des ruines dans les paysages et que l'on reprit les thèmes et les coutumes vestimentaires de cette époque.

C'est finalement le peintre Jacques Louis David qui consolide l'esthétique novatrice de Mengs en divulguant sa vision picturale de la Grèce et de la Rome antique. Les compositions de David intègrent les personnages à l'espace architectural dans lequel ils évoluent, un espace basé sur des formes géométriques simples et statiques.

Le néo-classicisme est surtout un rejet du baroque, des clairs-obscurs excessifs. Il aspire à la clarté, aux vues frontales, tandis que la couleur se limite aux contours du dessin. Les fonds sont le plus souvent en aplat et d'un ton uniforme.

Les thèmes néo-classiques par excellence sont la peinture historique (de très grands formats construits à partir de sujets considérés comme importants) et le portrait. Ingres, disciple de David, admirateur de Raphaël et grand dessinateur, s'impose avec ses portraits. Ceux-ci représentent le sommet de l'art néo-classique, le triomphe du trait sur la couleur, de l'équilibre sur le mouvement.

Les artistes néo-classiques croyaient à l'existence du « bon goût », fondé sur l'importance et la noblesse du sujet, sur la sobriété de l'exécution. Et c'est ainsi que la peinture européenne prit un caractère officiel, avec des académies gouvernées par des préceptes rigoureux que tout apprenti devait respecter. Ces académies dominèrent les XVIIIe et XIXe siècles et finirent par irriter de nombreux peintres qui cherchaient des moyens d'expression moins systématiques et plus personnels.

68

69

Fig. 68. *Virgile lisant l'Énéide devant Auguste,* 1818, Jean Auguste Dominique Ingres (1780-1867). Musées royaux des Beaux-Arts, Bruxelles. La littérature de l'Antiquité classique inspira de nombreux sujets aux peintres néo-classiques.

Fig. 69. *La Famille de Jan Schimmelpennick,* Pierre-Paul Prud'hon (1758-1823). Rijksmuseum, Amsterdam.

Vint un moment où les talents nouveaux ne purent s'adapter aux normes académiques, surtout chez les artistes voulant traduire leur imaginaire ou exprimer une réalité qui ne soit pas soumise aux règles néo-classiques.
Le raffinement de la culture avait porté l'art de la composition vers une « perfection » sans issue.

70

Fig. 70. *Le Révérend Robert Walker patinant sur le Duddington Loch,* 1784, Sir Henri Raeburn Stockbridge (1756-1823). National Gallery, Édimbourg. Raeburn fut un célèbre portraitiste écossais dont la peinture, d'une facture néo-classique, se basait sur des compositions aussi simples et équilibrées que celle-ci.

Fig. 71. *Portrait de Jacobus Blaw,* Jacques Louis David (1748-1825). National Gallery, Londres.

Fig. 72. *Portrait d'Anne Marie Louise de Sorcy-Thélusson,* Jacques Louis David. Alte Pinakothek, Munich. David fut le plus influent des peintres néo-classiques. Malgré sa renommée comme auteur de grandes œuvres historiques, c'est à travers ses portraits que le style néo-classique prend tout son sens artistique par la sobriété des couleurs et la rigueur du trait.

71

72

La révolution impressionniste

Ce titre n'est pas exagéré : l'impressionnisme est bien une authentique révolution, précédée de deux autres de moindre importance. La première était romantique et dirigée par Delacroix, ardent défenseur de l'imaginaire du peintre face aux normes académiques. La seconde fut réaliste et représentée par Courbet, qui n'admettait d'autre modèle de perfection artistique que la réalité elle-même.

Trois ans plus jeune que Courbet, Édouard Manet peut être considéré comme le grand frère des impressionnistes qui admirèrent sa peinture autant que celle des deux précédents. Manet et les impressionnistes ont en commun le rejet des conventions académiques du XIXe siècle et leur recherche d'une authentique créativité en marge des modèles imposés par l'esthétique néo-classique. Leur peinture n'est pas acceptée par le public de leur époque : Courbet plus que Delacroix et Manet plus que Courbet. À partir de Manet, les difficultés des impressionnistes s'aggravent pour se poser finalement en termes de survie. Manet est le premier à poser sur la nature un regard nouveau, sans schémas préétablis. Il peut ainsi se rendre compte que, contrairement aux règles définies par l'Académie, les objets et les personnages changent de formes et de couleur selon les circonstances.

Pour les impressionnistes, la lumière n'est pas seulement un prétexte pour peindre les objets grâce au clair-obscur ; la lumière détermine aussi la couleur et la couleur décrit la forme. Le peintre doit oublier les normes et aller peindre la nature telle qu'elle s'offre à lui, en pleine lumière. Ce fut l'attitude adoptée par les grands peintres impressionnistes comme Pissarro, Monet, Renoir ou Cézanne. Pour ces peintres, la composition est dictée par le paysage, le personnage ou la nature morte vue d'après nature, et elle change en fonction du lieu et du jour choisis pour peindre l'un ou l'autre de ces thèmes. Il n'y a donc pas de lois universelles ; seule, la sensibilité de l'artiste face à la nature peut dicter la composition adéquate. D'une manière générale, les compositions impressionnistes sont sobres, en accord avec la simplicité des sujets

Fig. 73. *Marronniers et ferme du Jas de Bouffan,* 1885-1887, Paul Cézanne (1839-1906). Musée Pouchkine, Moscou. Simplicité du sujet et force de la couleur caractérisent l'art impressionniste.

73

74

Fig. 74. *La Montagne Sainte-Victoire* (détail), Paul Cézanne. Kunsthaus, Zurich. La composition impressionniste repose sur la couleur. En voulant restituer les contours, Cézanne développe un art où la couleur et le dessin se disputent les formes fuyantes du paysage.

choisis. Les paysages s'organisent à partir de quelques lignes directrices qui ordonnent les principales masses : la ligne d'horizon et la verticale des arbres, ou encore une diagonale correspondant à une pente quelconque. De fait, pour l'impressionniste, le dessin ne compte pas tant que la couleur. Cela se vérifie pleinement avec les peintures de Paul Cézanne, lequel se plaisait à répéter à ce propos : « les contours m'échappent ». Il avait compris qu'en se concentrant sur l'expression de la couleur, son dessin perdait en précision. Ses œuvres reflètent la lutte du peintre pour restituer le contour des formes qui change sous l'effet de la lumière et de l'atmosphère, une lutte hors des normes établies qui l'amène à réaliser des tableaux d'une étonnante harmonie. L'impressionnisme conclut la fin d'une époque, celle où l'art était régi par des lois qui étaient loin d'être universelles. À partir de l'impressionnisme, l'artiste ne va plus compter que sur ses connaissances, son expérience et sa sensibilité.

75

Fig. 75. *Le Champ de blé,* Claude Monet (1840-1926). Museum of Art, Cleveland. Les impressionnistes furent les premiers à peindre leur sujet intégralement d'après nature. Monet parvient à transformer la vision directe de ce paysage en une magnifique exaltation de la couleur et de la lumière.

Fig. 76. *Le Skating,* 1877, Édouard Manet (1832-1883). Fogg Art Museum, Cambridge.

Fig. 77. *La Balançoire,* 1876, Auguste Renoir (1841-1919). Musée d'Orsay, Paris.

76

77

Les nouveaux « cadrages »

Les impressionnistes se firent de nombreux ennemis, mais ils comptèrent aussi sur quelques alliés. L'un de ceux-ci fut la photographie. Les appareils photo portables et instantanés apparurent à la même époque que l'impressionnisme.
Ils permirent d'obtenir, de saisir des paysages sur le vif et sous des angles de vue inespérés.
Avec son implacable objectivité, la photographie suggéra des compositions que les peintres n'auraient probablement jamais conçues par eux-mêmes. Le second allié qui vint à la rencontre des impressionnistes dans leur recherche de sujets nouveaux et de schémas de composition originaux fut l'estampe japonaise : les gravures sur bois colorées que l'on trouvait à bon marché dans le Paris de la seconde moitié du XIXe siècle. La photographie et l'estampe amenèrent une question très simple : pourquoi faudrait-il toujours respecter l'intégrité des personnages et des objets à l'intérieur d'un cadre donné ?
La réalité se présente d'une manière beaucoup plus spontanée et diversifiée, et les artistes japonais savaient comment rendre cette impression de spontanéité en laissant de grands vides, par exemple, ou en faisant en sorte que les personnages ne rentrent pas entièrement dans le cadre.
Les impressionnistes admiraient et même collectionnaient les estampes. C'est ainsi que nombre d'entre eux adoptèrent des thèmes japonais, avec les aplats de couleur, les formes silhouettées et, surtout, le style de composition orientale qui fit alors son apparition dans la peinture européenne.
Des artistes comme Toulouse-Lautrec, Van Gogh, Gauguin et surtout Degas surent exploiter ces suggestions de composition pour obtenir les « prises de vue » spontanées qu'ils recherchaient tant : une porte, une colonne et, parfois, le bord même de la toile, coupent brutalement les personnages en suscitant l'effet d'une vision instantanée réaliste très attrayante.
Ce type de composition devint une des caractéristiques du style de Degas. Il arriva que l'artiste, voulant faire plaisir à son ami, le peintre Manet, fasse le

78

79

Fig. 78. *Lala au Cirque Fernando,* Edgar Degas (1834-1917). National Gallery, Londres.

Fig. 79. *La Leçon de danse,* 1881, Edgar Degas. Philadelphia Museum of Art, Philadelphie. Degas rechercha inlassablement de nouveaux modes de composition. Il utilisa les constructions décentrées, suggérées par la photographie et par l'estampe japonaise, pour introduire une vitalité nouvelle dans ses œuvres.

portrait de ce dernier avec son épouse jouant du piano. Quelques temps plus tard, Degas rendit visite à son ami, dans l'atelier de ce dernier, et trouva son œuvre découpée verticalement : de madame Manet, on ne voyait plus que le dos et une partie de la tête. Manet essaya d'expliquer à Degas que la composition était ainsi beaucoup plus intéressante, mais ce dernier, furieux, lui arracha la toile des mains dans le but de la repeindre. Il ne le fit jamais. Peut-être Degas finit-il par accepter cette manière un peu brutale d'obtenir le bon cadrage.

Fig. 80. *Le Baiser maternel,* Mary Cassatt (1844-1926). The National Gallery of Art, Washington. De tous les peintres impressionnistes, Mary Cassatt fut l'artiste la plus attirée par l'estampe japonaise. Une œuvre comme celle-ci est une réplique fidèle des schémas de composition japonais.

Fig. 81. *Les Jardins publics,* 1894, Édouard Vuillard (1886-1940). Musée d'Orsay, Paris. Cette peinture révèle l'influence de l'art japonais à la fois par sa composition, décentrée et décorative, et par le format évoquant un paravent.

81

80

82

Fig. 82. *Le Salon de coiffure,* Edward Hopper (1882-1967). Université de New York. Le choix d'un point de vue inhabituel apporte un intérêt nouveau aux scènes quotidiennes. Ici, la composition décentrée met en valeur l'architecture et la valeur expressive de la lumière.

Le mouvement d'avant-garde

83

Dans les premières années du xxe siècle, l'impressionnisme s'impose d'une manière décisive. Les apports de la première grande vague impressionniste, celle de Manet, de Renoir ou de Cézanne ont été repris et approfondis par la seconde, celle des postimpressionnistes, avec Gauguin, Van Gogh et Seurat, entre autres.
Les postimpressionnistes se penchent surtout sur le problème de la couleur, sur l'expression grâce à celle-là. Cette tendance les amène à composer leur tableau en utilisant très peu le clair-obscur, en « aplanissant » les formes. Leur construction ne tient pas compte de la profondeur. Le postimpressionniste Maurice Denis exprime ainsi ces nouvelles inquiétudes : « Rappelez-vous qu'un tableau, avant d'être un cheval, une femme nue ou une scène quelconque, est essentiellement une

84

85

Fig. 83. *Jardin,* Paul Klee (1879-1940). Kunstsammlung, Nordrhein-Westfalen, Düsseldorf.

Fig. 84. *Femme aux seins nus, au chapeau,* 1911, Ernst Ludwig Kirchner (1880-1939), Wallraf-Richartz Museum, collection Ludwig, Cologne.

Fig. 85. *Le Cimetière et la Maison paroissiale de Kochel,* Wasily Kandinsky (1866-1944). Städtische Galerie im Lenbachhaus, Munich.

surface recouverte de couleurs disposées selon un certain ordre. »
Les œuvres et les idées de ces peintres soulèvent l'enthousiasme de toute une jeune génération d'artistes français et allemands. En France, on les appelle les fauves, en Allemagne les expressionnistes. Leur point commun réside dans une conception purement intuitive de la peinture, un désir de libérer leur instinct coloriste de toute attache avec la tradition.
Pour Matisse « tout, en peinture, est composition ». Et composer signifie, selon ses propres termes : « Ordonner les couleurs et les formes sur la toile d'une manière décorative ».
La qualité d'une œuvre devient indépendante du sujet. Tout ce que peut suggérer la nature ou l'imagination suffit à réaliser une peinture où l'important réside dans l'ordre et dans l'harmonie de la couleur et du trait.
Ces concepts nouveaux déchaînent les énergies créatrices des jeunes artistes européens qui se sentent alors libres d'innover, d'inventer de nouvelles combinaisons, de réaliser les travaux les plus audacieux et les plus originaux. Des mouvements comme le futurisme en Italie, le cubisme en France, l'expressionnisme en Allemagne, le néoplasticisme en Hollande ou le suprématisme dans la nouvelle Union soviétique, sont des manifestations d'avant-garde proclamant la libération de l'art et la totale liberté de l'artiste.

86

87

Fig. 86. *Le Cirque,* Georges Rouault (1871-1958). Collection Sara Lee. Pour les peintres expressionnistes comme Rouault, l'expressivité de la peinture réside dans l'intensité de la couleur et dans la simplification de la composition qui, dans cette œuvre, rappelle une frise en bas relief.

Fig. 87. *Portrait de Friederike Maria Beer,* 1916, Gustav Klimt (1862-1918). Collection particulière, New York. La liberté ornementale et chromatique de cette peinture s'inspire des productions de l'art oriental déterminantes pour de nombreux peintres d'avant-garde.

La composition cubiste

88

Le cubisme apparaît au tout début du xxe siècle. Pour beaucoup de critiques d'art, la première œuvre cubiste est la célèbre toile peinte par Picasso, en 1907, intitulée *Les Demoiselles d'Avignon*. À partir de là, Picasso et son ami Georges Braque développent un style pictural très éloigné des variations sur un mode impressionniste pratiquées par la plupart des artistes d'alors.

L'apport du cubisme consiste essentiellement à considérer le thème pictural comme un simple point de départ, un prétexte à de riches inventions formelles. La plupart des tableaux cubistes sont des natures mortes auxquelles s'intègrent des objets récurrents : une guitare (ou un violon), une coupe, une pipe... Les cubistes ne se lassent pas de peindre ces objets en leur faisant subir une profonde métamorphose qui les transforme en plans colorés, constitués de droites ou de courbes disposées selon un ordre à chaque fois nouveau et original.

Le cubisme se distingue par une interprétation nouvelle des ressources traditionnelles de la peinture. La couleur, le clair-obscur ou le dessin sont présents, mais ils jouent un rôle spécifique qui ne consiste pas à décrire l'espace, la forme ou l'atmosphère.

Aussi étrange que cela puisse paraître, les problèmes de composition sont plus faciles à étudier sur un tableau cubiste que sur une toile réaliste. La raison en est que les lignes servant la composition restent visibles en tant que telles sur la plupart de ces œuvres. Mais voyons un peu la démarche suivie par ces peintres. L'artiste commence par une étude du modèle (une nature morte, par exemple), et des principales formes le composant ; il tente ensuite de déterminer les aspects permettant d'identifier chaque objet sans qu'il soit nécessaire de le peindre intégralement : un ovale symbolise une

89

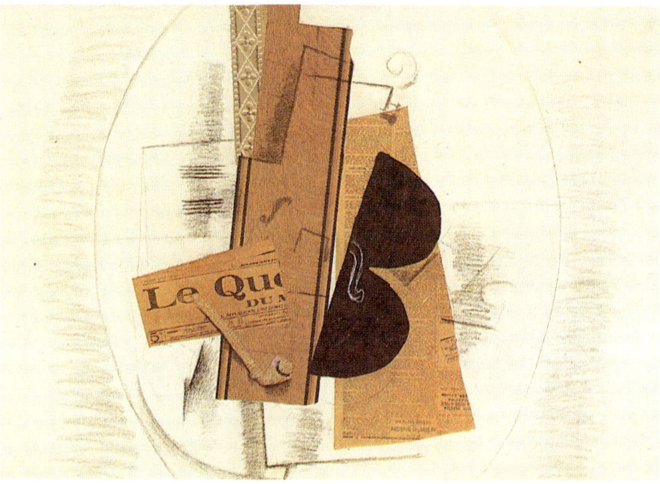

90

Fig. 88. *Assemblage,* Nathan Altman. Musée de l'État russe, Saint-Pétersbourg.

Fig. 89. *Violon et pipe,* Georges Braque (1882-1963). Musée national d'art moderne, C. G.-P., Paris. La fréquence des natures mortes dans l'œuvre de Braque vient du fait que ce thème se prête mieux que tout autre aux compositions cubistes.

Fig. 90. *Baigneuses,* Roger de La Fresnaye (1885-1925). Collection Sara Lee. La Fresnaye fut l'un des cubistes les plus fidèles à la tradition. Son œuvre conserve aussi bien la description de l'atmosphère que de multiples références aux formes d'art du passé.

91

Fig. 91. *Le Port,* Jean Metzinger (1883-1956). Collection Sara Lee. Cette œuvre cubiste associe sur un même tableau diverses interprétations d'un même sujet en les juxtaposant sous la forme de bandes verticales.

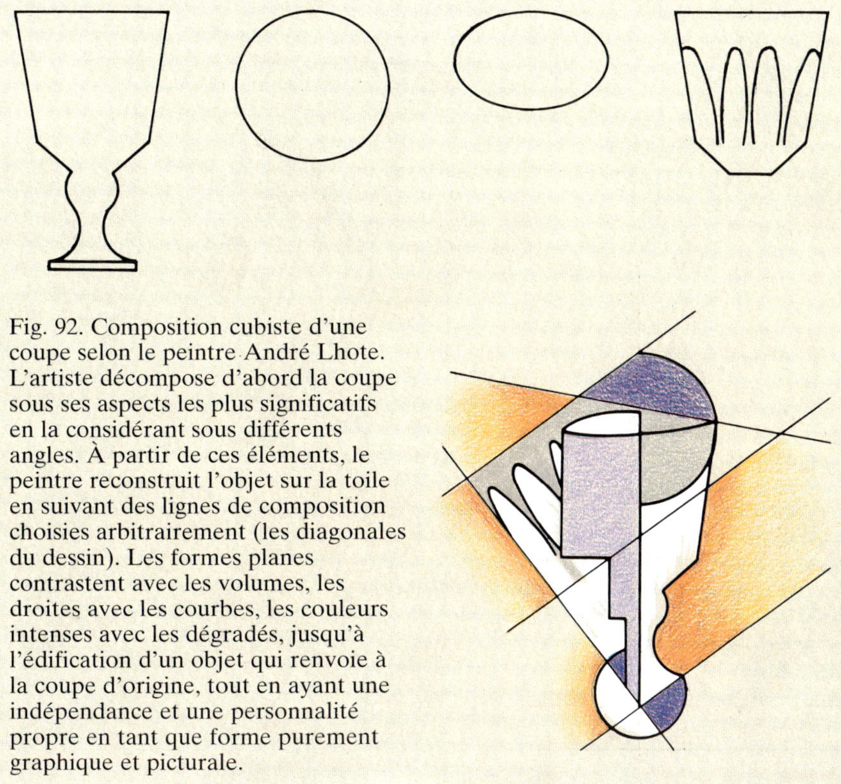

Fig. 92. Composition cubiste d'une coupe selon le peintre André Lhote. L'artiste décompose d'abord la coupe sous ses aspects les plus significatifs en la considérant sous différents angles. À partir de ces éléments, le peintre reconstruit l'objet sur la toile en suivant des lignes de composition choisies arbitrairement (les diagonales du dessin). Les formes planes contrastent avec les volumes, les droites avec les courbes, les couleurs intenses avec les dégradés, jusqu'à l'édification d'un objet qui renvoie à la coupe d'origine, tout en ayant une indépendance et une personnalité propre en tant que forme purement graphique et picturale.

2

coupe, un ensemble de lignes parallèles recoupé par quelques perpendiculaires permet d'identifier le manche d'une guitare. La courbe formée par la volute de la crosse exprime le violon lui-même, un plan coloré légèrement dégradé suffit à traduire le mur à l'arrière-plan, le dessin des veines du bois représente la surface de la table. La typographie du titre d'un journal, introduit entre les autres objets, est le seul élément que le définisse.

L'artiste structure sa composition en distribuant harmonieusement ces différentes formes sur la toile, en recherchant les contrastes entre droites et courbes, entre couleurs en aplat et couleur dégradées en clair-obscur, entre coups de pinceau plus ou moins impressionnistes et description minutieuse d'un imprimé, etc. Pour enrichir sa composition, le peintre cubiste emploie aussi une technique très particulière consistant à représenter simultanément l'objet observé sous des angles différents. Une coupe, par exemple, sera vue à la fois du dessus, comme un ovale, et de côté, comme une courbe. L'artiste va superposer ces deux visions sur une même image en prenant soin qu'aucune d'elles n'annule l'autre et en préservant cette ambiguïté si attrayante propre à ce style pictural. La composition cubiste est un exercice impliquant à la fois liberté et discipline : liberté dans le choix arbitraire des formes et discipline dans leur juxtaposition harmonieuse sur la toile pour respecter l'équilibre de la composition.

L'art abstrait

93

La peinture abstraite résulte des ultimes expériences d'avant-garde précédant la première guerre mondiale. De nombreux artistes recherchaient alors de nouveaux moyens d'expression libérant la peinture des techniques et des thèmes traditionnels. Parmi eux se trouvait le peintre russe Wassily Kandinsky, à qui on attribue la première œuvre abstraite, peinte en 1910.

L'apport de Kandinsky, en accord avec ses propres convictions artistiques, est dominé par un fort courant spirituel ; le contenu subjectif du tableau passe avant la représentation des objets réels. Kandinsky explique ainsi l'art abstrait : « La grande abstraction réside dans la volonté d'éliminer l'apparence de la réalité pour donner corps au contenu de l'œuvre sous des formes immatérielles. »

La peinture abstraite met en avant le jeu des formes et des couleurs pures. Après les expériences de Kandinsky, de nombreux peintres ou dessinateurs (fig. 95) ont spéculé sur d'étonnantes associations formelles et chromatiques en ayant souvent recours à la géomé-

94

Fig. 93. *Composition en rouge, jaune et bleu,* Piet Mondrian (1872-1944). Tate Gallery, Londres. Mondrian amena la peinture à son plus haut niveau d'abstraction. Ses compositions se résument à une harmonie de couleurs pures et de lignes verticales ou horizontales.

Fig. 94. *En gris,* Wassily Kandinsky (1866-1944). Musée national d'art moderne, C. G.-P. Paris. Kandinsky est considéré comme l'« inventeur » de la peinture abstraite.

trie pour composer leurs œuvres. C'est le cas du Hollandais Piet Mondrian qui écrivait, en 1917 : « La plastique actuelle doit être exprimée par l'abstraction de la forme et de la couleur, en se servant de la ligne droite et des couleurs primaires. » Pour Mondrian, la peinture doit se limiter aux éléments les plus élémentaires : la verticale, l'horizontale et les couleurs de base.

La planitude de la peinture abstraite nous renvoie aux origines de la composition artistique, dans la mesure où elle se limite à une pure ordonnance d'éléments graphiques sur une surface donnée. Il n'est donc pas étrange de constater que l'essor de ce courant ait coïncidé avec un intérêt nouveau porté à l'art du paléolithique, du néolithique et, d'une manière générale, de toutes les cultures étrangères à la tradition occidentale. Des œuvres comme celles de Joan Miró sont peuplées de formes rappelant vaguement des plantes et des animaux tels qu'en peignaient certaines tribus primitives.

Cet intérêt pour les formes d'expression primitives souligne à nouveau le désir de l'artiste de se libérer des « obligations » imposées par les nombreux siècles de tradition que compte la peinture. Composer un tableau abstrait consiste à s'appuyer sur la perception des qualités propres à la couleur, sur l'harmonie du trait et sur l'équilibre des masses, sans se préoccuper des normes traditionnelles concernant le dessin et la couleur.

La peinture abstraite est l'une des formes d'expression s'offrant à l'artiste contemporain. Parmi celles-ci, l'abstraction se situe, sur le plan de la composition, au plus haut degré de liberté possible ; mais une liberté toujours soumise aux éternels principes d'unité et d'harmonie.

95

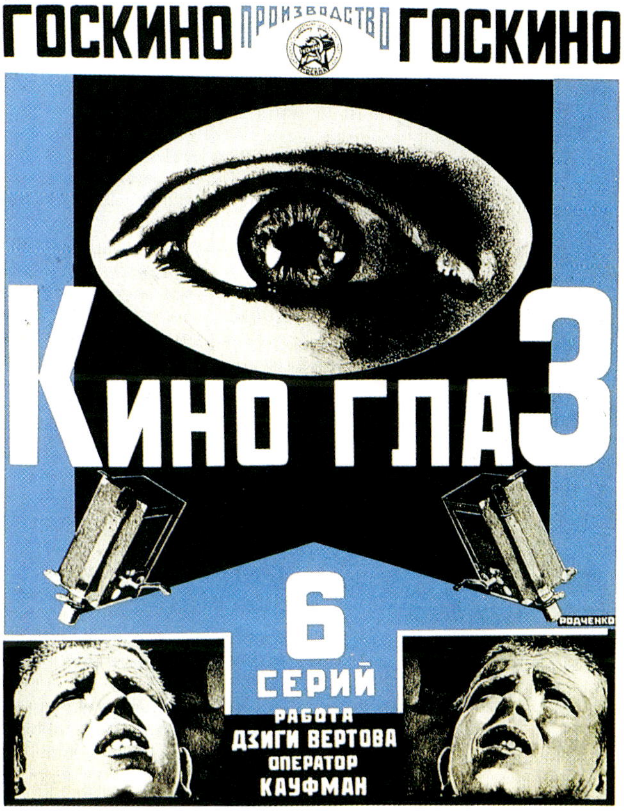

Fig. 95. *Kino-Glaz*, Alexandre Rodchenko (1891-1957). Kunstgewerbemuseum, Zurich.

Fig. 96. *Libellule aux ailes rouges poursuivant un serpent que se glisse en spirale vers la comète*, Joan Miró (1893-1985). Musée du Prado, Madrid.

96

La composition artistique contemporaine

Il est admis aujourd'hui par tous que l'art a atteint un haut degré d'indépendance par rapport aux institutions sociales ou politiques. Ni les Académies, ni l'Église, ni l'État, ni même le public ne dictent aucun critère : l'artiste jouit d'une liberté de création absolue.
Les scandales qui accompagnèrent toutes les innovations artistiques apparues depuis la Révolution française jusqu'à la période d'avant-garde ont cessé d'être de nos jours. Le public assume la peinture comme moyen d'expression individuel qui peut ne pas plaire à tout le monde.
C'est là un énorme avantage pour l'artiste, qui peut maintenant peindre sans rencontrer d'obstacles extérieurs au monde de l'art. Mais c'est un avantage qui a aussi ses inconvénients. Il n'existe plus aujourd'hui d'objectifs communs aux artistes, de style prédominant, et il devient difficile de déterminer de solides critères de qualité. Chaque artiste doit inventer ses propres concepts et trouver ses propres solutions sans savoir si son attitude sera correctement interprétée.
C'est le grand défi de l'art actuel : inventer de nouvelles règles de composition en rejetant l'ancien, ou adopter des formes traditionnelles en leur donnant un souffle nouveau pour qu'elles correspondent au mode de vie contemporain. Dans ce sens, la composition artistique est devenue une aventure plus incertaine qu'auparavant et le peintre doit être d'autant plus conscient que son mode de composition n'est qu'une alternative parmi tant d'autres, différente mais tout aussi acceptable. Des possibilités qui vont du réalisme le plus strict à l'abstraction la plus imaginative, des thèmes traditionnels jusqu'à la représentation de scènes fantastiques. Et tout cela en jouant sur l'originalité du cadrage et du point de vue, sur la perspective, sur l'aplat ou sur la matière, sur le clair-obscur, etc.

97

Fig. 97. *Figure et oiseau, septembre 1963*, Roger Hilton (1911). Collection particulière. L'abstraction est pratiquée par de nombreux peintres contemporains à la recherche de nouvelles possibilités de composition.

Fig. 98. *L'Homme aux cheveux rouges accroupi sur un fauteuil,* 1962-1963, Lucien Freud (1922). Collection particulière. Freud est le principal représentant de l'expressionnisme dans la peinture contemporaine.
Fig. 99. *La Grande Pyramide de Gizeh avec la tête brisée de Thèbes,* 1963, David Hockney (1937). Collection Earl of Pembrocke.

98

99

Fig. 100. *Le Juif errant,* 1984, Ronald Kitaj (1932). Collection particulière.

Fig. 101. *Étude d'homme vu de dos,* 1970, Francis Bacon (1909-1992). Zurich, Kunsthaus.

Fig. 102. *Intérieur avec plante, homme à l'écoute*, 1967-1968, Lucien Freud. Collection particulière.

Fig. 103. *Mélanie et moi nageant,* 1978-1979, Michaël Andrews (1928). Tate Gallery, Londres.

100

101

2

103

LES RÈGLES ESSENTIELLES DE LA COMPOSITION ARTISTIQUE

Selon Maurice Denis, la peinture est tout d'abord une surface plane recouverte de couleurs disposées dans un certain ordre. Nous considérerons donc cette surface, en négligeant pour le moment les éléments représentés, pour nous préoccuper de la forme, des dimensions et des proportions du support ; sans oublier les secrètes harmonies qu'il recèle. La composition précède la peinture. C'est lorsque nous sommes devant une toile ou une feuille de papier ayant un format déterminé que s'élabore le travail de composition.

Les bases de la perspective

126

127

Un livre sur la composition artistique doit nécessairement inclure des notions élémentaires de perspective, celle-ci étant encore la méthode la plus exhaustive pour composer un tableau « en profondeur ».

La première de ces notions est la *ligne d'horizon* (X). L'horizon se trouve toujours devant l'observateur, à hauteur des yeux lorsqu'il regarde devant lui. Nous en avons le meilleur exemple lorsque nous regardons la mer de face : la ligne d'horizon est la ligne située devant nous qui sépare l'eau du ciel, et cela reste vrai que nous soyons au niveau de la plage ou, en hauteur, sur un rocher (fig. 126 et 127).

La deuxième notion est *le point de vue* (Z). Il se situe au centre de l'angle visuel de l'observateur, donc à la hauteur de la ligne d'horizon (en perspective frontale, le point de vue correspond au point de fuite. Voir plus loin).

La troisième notion de base est constituée des *points de fuite* (Y). Ces derniers se trouvent sur la ligne d'horizon et sont les points vers lesquels convergent les lignes parallèles perpendiculaires à l'horizon. C'est cette convergence qui suscite, sur un dessin ou une peinture, la sensation de profondeur, de troisième dimension. Selon qu'il y a un ou deux points de fuite dans une composition, la perspective est dite frontale (fig. 128) ou oblique (fig. 131). Les schémas que vous voyez ici illustrent le procédé permettant de développer un cube en perspective frontale (fig. 129) et en perspective oblique (fig. 130).

En perspective frontale, le problème consiste à dessiner un carré aussi parfait que possible (A) qui représentera donc la face frontale du cube. On trace ensuite la ligne d'horizon au-dessus du carré (plus elle sera haute, plus on aura l'impression d'une vision « à vol d'oiseau »). Puis on situe sur cette ligne le point de fuite, plus ou moins

Fig. 126 et 127. La ligne d'horizon se trouve toujours au niveau des yeux de l'observateur.

Fig. 128. En perspective frontale, toutes les lignes parallèles perpendiculaires à la ligne d'horizon fuient vers un même point.

Fig. 129. Construction d'un cube en perspective frontale.

128

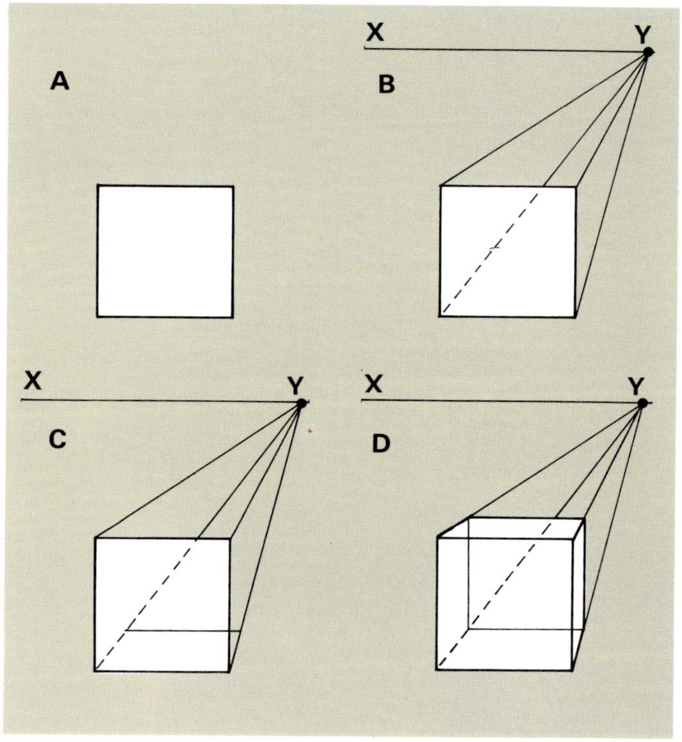

129

de face, avant de tracer les lignes allant de ce point à chacun des sommets du carré (B). Il suffit ensuite de dessiner une des arêtes de la face postérieure du cube à une distance convenable, c'est-à-dire visuellement logique, du premier carré (C), puis de tracer les droites restantes pour « fermer » les autres faces du cube. Sur notre schéma (fig. 129 D), le cube apparaît comme se trouvant en dessous et à gauche du point de fuite et, par conséquent, du point de vue.

Pour construire un cube en perspective oblique, on commence par tracer une ligne verticale représentant l'arête du cube la plus proche du point de vue, puis la ligne d'horizon (X), sur laquelle on porte un des points de fuite (Y.1). On trace ensuite une ligne partant de l'une des extrémités de l'arête et allant jusqu'à ce point (fig. 130 A). Puis, grâce à une seconde ligne partant de l'autre extrémité de l'arête, on peut alors dessiner, à vue d'œil, l'arête définissant une des faces du cube vu en perspective (fig. 130 B).

Après avoir placé le second point de fuite (Y.2) et tracé, comme précédemment, la face correspondante (fig. 130 C), il ne reste plus qu'à tirer les lignes de fuite partant des nouveaux sommets obtenus pour pouvoir enfin tracer les arêtes manquantes de notre cube vu en perspective oblique (fig. 130 D). N'oubliez pas qu'il s'agit là d'une méthode intuitive et que la position des deux points de fuite n'est pas, dans la réalité, aussi arbitraire. Cependant, situez-les approximativement comme indiqué ici afin d'éviter de trop grandes distorsions.

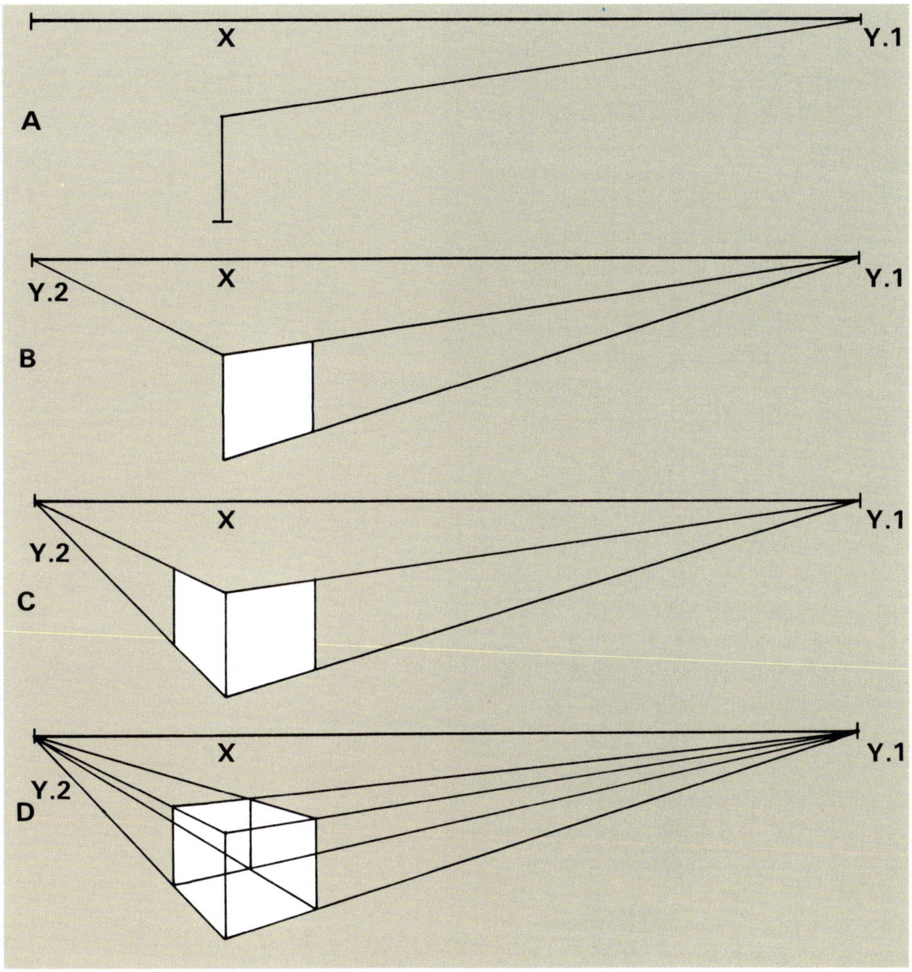

130

131

Fig. 130. Construction d'un cube en perspective oblique. Il s'agit ici d'une perception intuitive et non d'une construction géométriquement rigoureuse.

Fig. 131. La perspective oblique comprend deux points de fuite. Sur cette illustration, les deux ensembles de lignes fuyant vers leurs points de fuite respectifs sont indiqués par les lettres A et B.

Mosaïque géométrique en perspective frontale

Lorsque nous avons à peindre des intérieurs, ou encore des personnages sur un parvis, les mosaïques vues en perspective sont des éléments quasi inévitables.

Nous allons donc maintenant étudier comment dessiner rapidement une mosaïque en perspective en utilisant la méthode simple dite du « point de fuite des diagonales ».

Nous représentons tout d'abord la mosaïque vue du dessus, c'est-à-dire vue en plan (fig. 132). Puis, nous devons ensuite déterminer mathématiquement la position du point de fuite des diagonales (YD). Supposons que notre point de vue (Z) se trouve à une distance égale à trois fois la moitié de la longueur de la plus proche rangée de carreaux, c'est-à-dire à trois fois la longueur b ; le point de fuite des diagonales se situera sur la ligne d'horizon exactement à cette même distance (3b) du point de fuite principal (Y) vers lequel fuient les limites extrêmes de notre mosaïque (fig. 133).

Après avoir déterminé le nombre de carreaux entrant dans la largeur totale et divisé la ligne horizontale de base en segments égaux, nous traçons les lignes rejoignant le point de fuite Y. Ensuite, nous tirons la diagonale allant de l'angle inférieur gauche vers le point de fuite des diagonales (ligne C), ce qui nous permet de dessiner la ligne A marquant la limite du quadrillage (fig. 134). À partir des intersections de la ligne C avec les lignes de fuite (points E, F, G, H), nous pouvons alors tracer toutes les lignes parallèles qui complètent notre mosaïque en perspective (fig. 135 et 136).

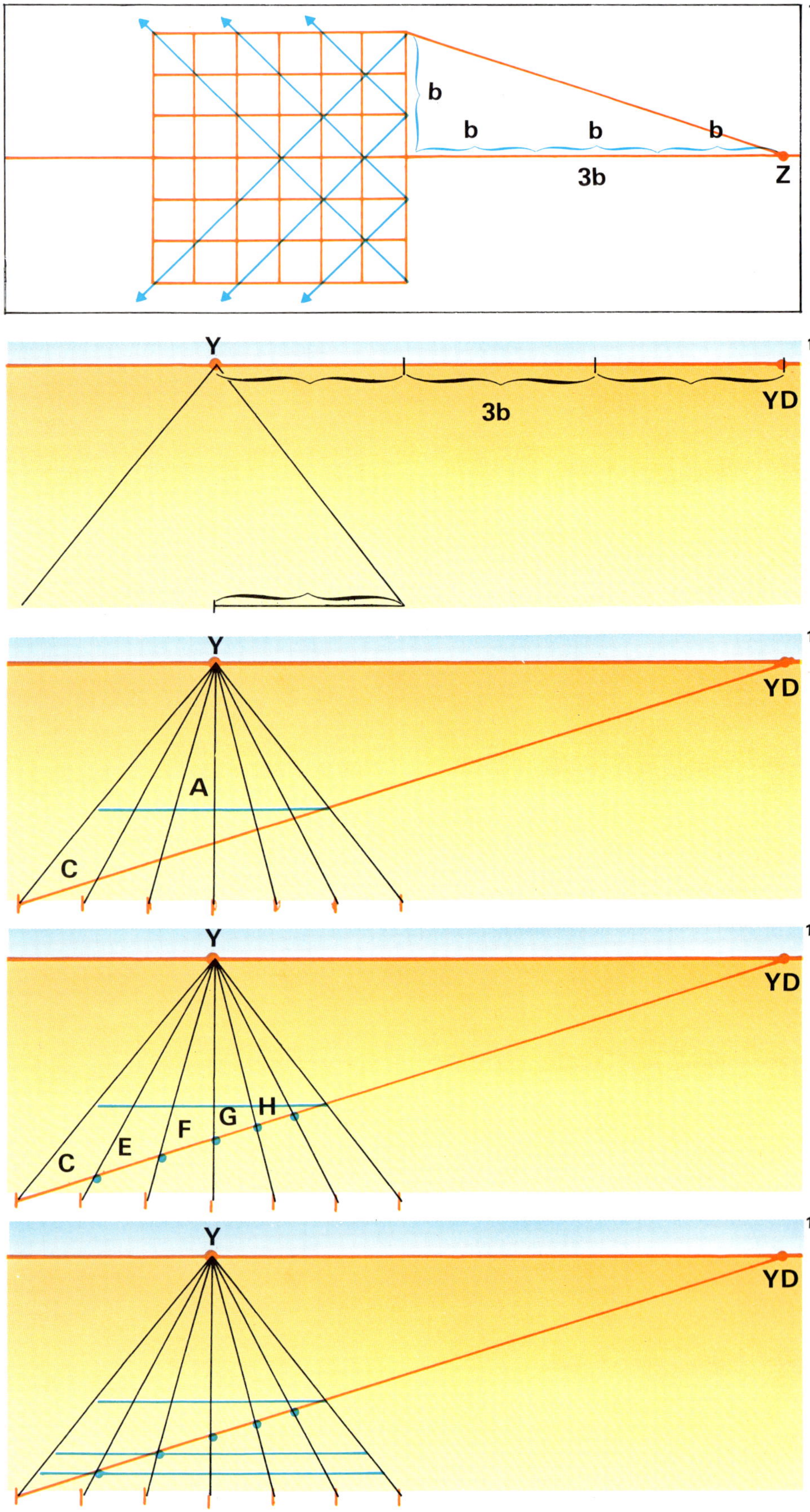

Fig. 132 à 136. Comment construire une mosaïque en perspective frontale en appliquant la « méthode des diagonales ». Les principaux éléments à considérer sont : le point de vue (Z), le point de fuite principal (Y) et le point de fuite des diagonales (YD).

Fig. 137. Représentation en plan de la mosaïque de l'œuvre de Piero della Francesca (fig. 139), avec indication de l'angle de vue correspondant à la position de l'observateur. Sur le tableau, cette mosaïque est construite selon une perspective frontale.

137

Fig. 138. Position de la ligne d'horizon pour cette peinture, avec indication des principales lignes de fuite.

Fig. 139. *La Flagellation du Christ,* Piero della Francesca (v. 1416-1492). Galerie nationale des Marches, Urbin.

138

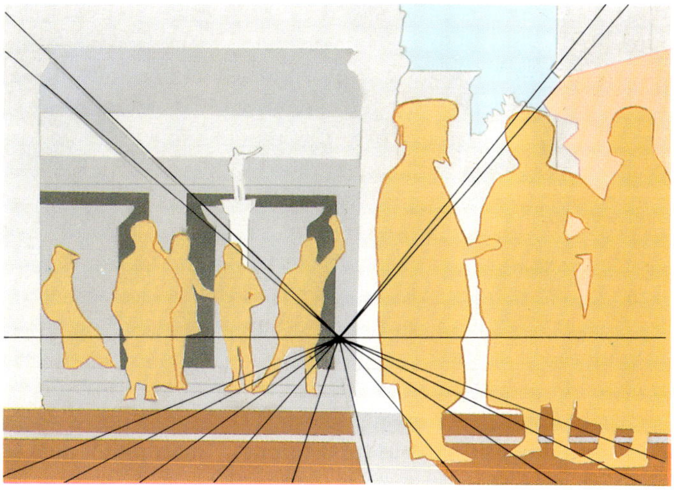

139

Formats spéciaux pour thèmes particuliers

145

Fig. 145. *La Tentation de saint Antoine,* 1935-1936, Max Beckmann (1884-1950). Neue Pinakothek, Munich. Les triptyques connurent un grand développement à l'époque gothique. Quelques artistes du xxe siècle l'adoptèrent pour ses possibilités narratives.

Fig. 146. Chema Cobo (1952). L'expérimentation de nouveaux formats est une constante de la peinture contemporaine.

Fig. 147. *Les Secondes Noces,* David Hockney (1937). National Gallery, Londres. Voici une composition originale obtenue à partir d'un assemblage de différents formats. Le résultat simule un espace cubique sans avoir à utiliser la perspective.

Il suffit de reprendre les différentes périodes de l'histoire de l'art pour s'apercevoir que les peintres ont préféré, à telle ou telle époque, un format plutôt qu'un autre. La peinture religieuse du gothique adopte le retable composé de plusieurs panneaux parce qu'il convient aux églises et aux cathédrales. La peinture baroque prend l'habitude d'élaborer de grandes compositions murales ou de décorer des plafonds aux dimensions irrégulières. La richesse de formats que l'on trouve dans un musée correspond à l'étude du sujet et de la composition réalisée par chaque artiste, qui adapte son style pictural aux nécessités du thème qu'il a choisi ou à celui imposé par le client. De nombreux peintres modernes ont recherché de nouvelles solutions de composition en adoptant des formats insolites. C'est le cas des diptyques (composés de deux panneaux), des triptyques (trois panneaux) ou des polyptyques (plus de trois panneaux), utilisés par des artistes voulant peindre des scènes, des épisodes ou des variations sur une idée plastique donnée. Ces combinaisons peuvent se compliquer en modifiant les formats et les dimensions des diverses toiles et en créant des ensembles asymétriques d'un grand intérêt visuel. L'important est que le choix soit justifié par le développement pictural du sujet.

146

147

Le cas Ingres

Nous allons étudier la construction d'une des plus célèbres peintures d'Ingres, *Le Bain turc.*
Des études réalisées dans les laboratoires du musée du Louvre, il y a vingt ans environ, permirent de découvrir des choses surprenantes.
À l'origine, le format était rectangulaire. Pour parvenir au stade où nous le voyons aujourd'hui, il passa par trois étapes successives. La première version fut une toile de 74 x 88 cm (beaucoup plus petite que celle que l'on peut voir), centrée autour du personnage principal : la joueuse de luth qui tourne le dos au spectateur. Dans cette première version, le nu féminin qui s'étire sur la droite apparaît à peine.
On en connaît une deuxième version par une photographie de 1858. C'est une toile plus importante que la précédente qui permit à Ingres d'ajouter de nombreux nus sur les bords agrandis.
Mais ce n'était toujours pas la version rectangulaire définitive, car le maître y ajouta encore des bandes sur les quatre côtés. Le panneau carré mesura en tout 110 x 110 cm, ce qui correspond au diamètre actuel du cercle s'inscrivant dans ce carré.
À partir du rectangle original, le format a donc été agrandi jusqu'aux dimensions du cercle définitif. Ingres avait autour de quatre-vingts ans lorsqu'il acheva cette œuvre.
Ce format circulaire rappelle un peu un miroir reflétant une image merveilleuse que se plut peut-être à contempler l'artiste vieillissant. En évitant les angles et les lignes droites, il a sans doute voulu accentuer volontairement la sensualité de cette exquise composition.

148

Fig. 148. *Le Bain turc,* 1863, Jean-Auguste Dominique Ingres (1780-1867). Musée du Louvre, Paris. Le format de cette œuvre a été trois fois modifié avant d'être ramené à un cercle.

149

150

Fig. 149 et 150. Schéma de deux formats successifs pour *Le Bain turc.* Ingres ajouta au format initial rectangulaire (fig. 150) des bandes latérales qui augmentaient la composition. À partir de cette seconde version, Ingres modifia entièrement le format en le rendant circulaire (fig. 148).

Le format des supports pour le dessin et la peinture

Les châssis entoilés, les cartons et même les panneaux en bois, sont numérotés en fonction de leurs dimensions, de leurs formats et du thème auquel correspondent les proportions du tableau. On distingue trois thèmes, donc trois types de format, bien connus de tous : Marine, Paysage et Figure. Les châssis des formats Marine sont les plus rectangulaires, les plus allongés ; ceux des formats Paysage sont un peu plus carrés, mais cependant moins que les formats Figure, ces derniers étant conçus pour être utilisés verticalement, surtout pour les portraits.

De nombreux fabricants de châssis s'en tiennent à une table de mesures internationales, de telle sorte que l'artiste n'a plus qu'à indiquer à son fournisseur le type de format (Figure, Paysage ou Marine) et le numéro qu'il désire.

Il arrive de plus en plus souvent que le numéro du châssis détermine le prix de vente d'une peinture. Ce numéro se transforme alors en points : un châssis n° 10 équivaut à 10 points, un châssis n° 100, à 100 points. Ensuite, chaque artiste assigne au point un valeur donnée, une valeur évidemment modulable. Pour finir, il multiplie la valeur du point par le numéro du tableau. Par exemple, si un peintre est coté 1 000 F par point, il vendra un tableau n° 10 environ 10 000 F.

Il faut savoir que cette table de mesures internationales fut conçue il y a plus d'un siècle par un fabricant de toiles. De nombreux formats du siècle dernier correspondent déjà à cette numérotation.

Mais ne croyez pas pour autant que tous les artistes travaillent uniquement sur des formats standard. Nombre d'entre eux ont monté et montent toujours leurs toiles sur des châssis dont ils déterminent eux-mêmes les dimensions.

151

MESURES INTERNATIONALES DES CHÂSSIS POUR LA PEINTURE À L'HUILE.

N°	Figure	Paysage	Marine
1	22 × 16	22 × 12	22 × 14
2	24 × 19	24 × 14	24 × 16
3	27 × 22	27 × 16	27 × 19
4	33 × 24	33 × 19	33 × 22
5	35 × 27	35 × 22	35 × 24
6	41 × 33	41 × 24	41 × 27
8	46 × 38	46 × 27	46 × 33
10	55 × 46	55 × 33	55 × 38
12	61 × 50	61 × 38	61 × 46
15	65 × 54	65 × 46	65 × 50
20	73 × 60	73 × 50	73 × 54
25	81 × 65	81 × 54	81 × 60
30	92 × 73	92 × 60	92 × 65
40	100 × 81	100 × 65	100 × 73
50	116 × 89	116 × 73	116 × 81
60	130 × 97	130 × 81	130 × 89
80	146 × 114	146 × 90	146 × 97
100	162 × 130	162 × 97	162 × 114
120	195 × 130	195 × 97	195 × 114

Fig. 151. Mesures standard des châssis en fonction du format « Figure », « Paysage » ou « Marine ». À chacune de ces mesures correspond un numéro (à gauche). Ainsi, le n° 20 correspond à 73 x 60 cm dans le format Figure ; à 73 x 50 dans le format Paysage et à 73 x 54 dans le format Marine.

152

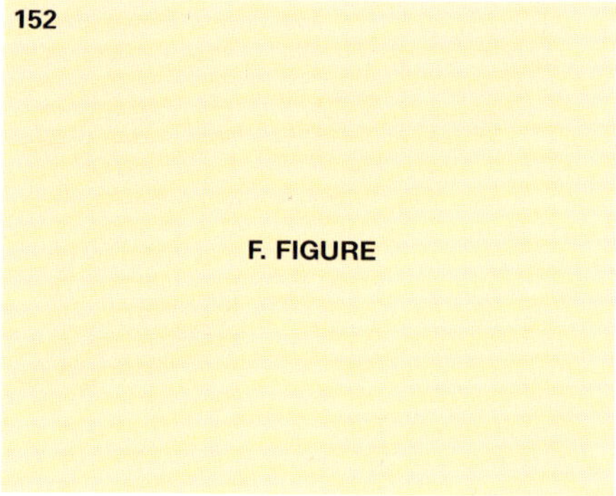

153

154

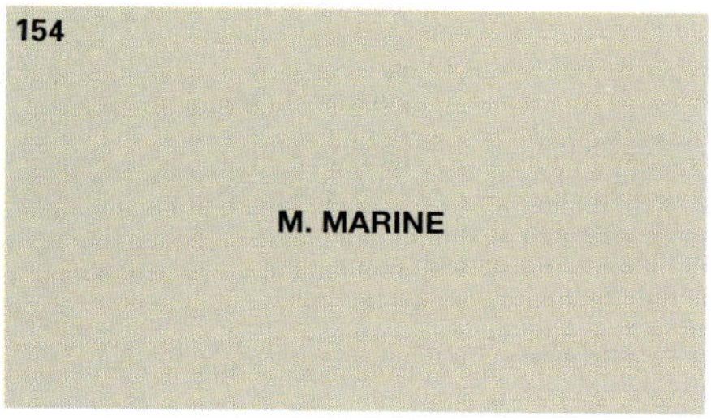

Fig. 152 à 154. Proportions relatives des formats Figure (fig. 152), Paysage (fig. 153) et Marine (fig. 154). Chacun d'eux est indiqué par son initiale.

155

Fig. 155. Le numéro correspondant au format est toujours indiqué sur le bois du châssis. Comme vous le voyez, il s'agit ici d'un châssis n° 12.

Les formats de papier

Les formats des feuilles de papier pour le dessin, le pastel, l'aquarelle ou pour toute autre technique ne nécessitant pas d'être travaillée sur la toile, varient selon les fabricants. Ils vont du petit bloc de 8 x 10 cm jusqu'aux rouleaux de papier de 1,5 x 10 m. Pour la réalisation d'esquisses ou de croquis d'après nature, les petits blocs conviennent très bien (aux dimensions proches du format A-4). Pour les formats plus importants, il est conseillé d'acheter des feuilles séparées, que l'on peut fixer sur une tablette à dessin pour travailler plus facilement.

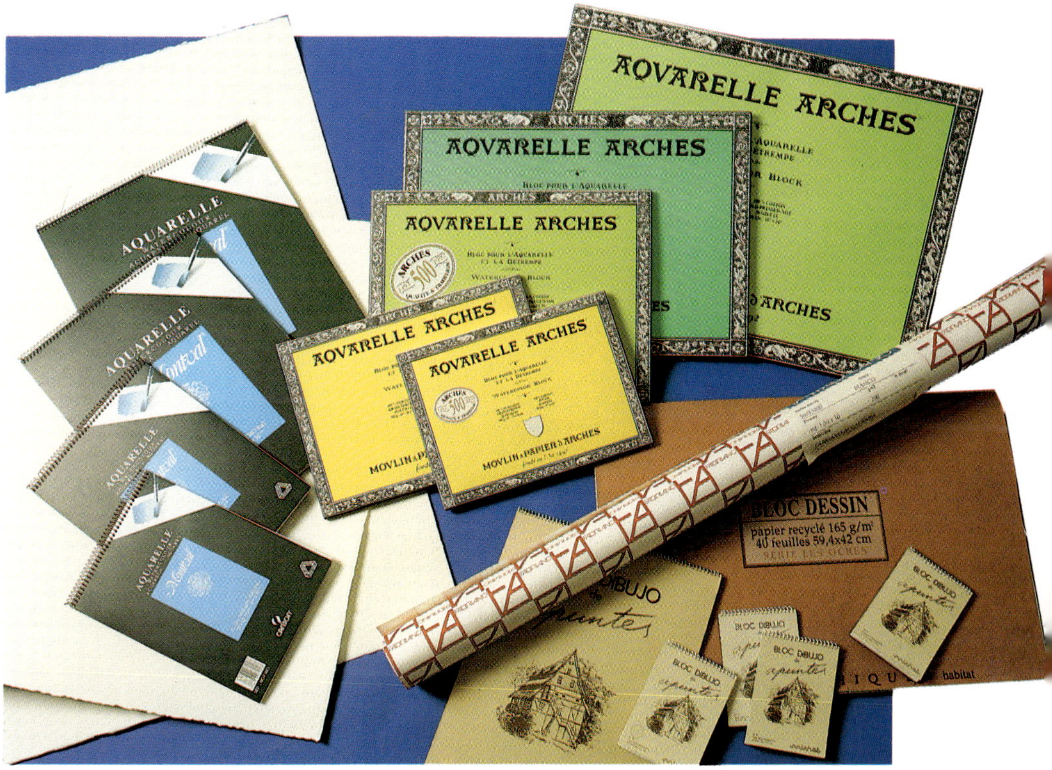

156

Fig. 156 et 157. Formats de papier variés utilisés pour des applications diverses. Ils sont vendus en bloc ou en feuille.

Fig. 158. Mesures standard des papiers normalisés et formats pour contre-collés ou bristols (avec l'autorisation des établissements Guarro).

157

158

MESURES STANDARD
DES PAPIERS NORMALISÉS

DIN	A - 000	1683	×	2378 mm.
DIN	A - 00	1189	×	1683 »
DIN	A - 0	841	×	1189 »
DIN	A - 1	594	×	841 »
DIN	A - 2	420	×	594 »
DIN	A - 3	297	×	420 »
DIN	A - 4	210	×	297 »
DIN	A - 5	148	×	210 »
DIN	A - 6	105	×	148 »
DIN	A - 7	74	×	105 »
DIN	A - 8	52	×	74 »
DIN	A - 9	37	×	52 »
DIN	A - 10	26	×	37 »
		215	×	315 »
		215	×	275 »

DIMENSIONS COURANTES DES FEUILLES
DE PAPIER À DESSIN ET DES BRISTOLS

500	×	650 mm.
500	×	700 »
650	×	1000 »
700	×	1000 »
340	×	470 mm.

159

LES TECHNIQUES DE COMPOSITION

La composition est un principe qui met en jeu tous les éléments d'un dessin ou d'une peinture. À partir du moment où nous étudions un sujet en fonction de ses possibilités picturales, nous sommes en train de composer. Il faut ensuite choisir le cadrage, prendre des notes, réaliser des esquisses, déterminer les dimensions et les proportions, construire les formes... en un mot, suivre les différentes étapes du processus de composition. Dans ce chapitre, nous étudierons et mettrons en pratique tous ces aspects.

Calcul mental des dimensions et des proportions

Edgar Degas nous a laissé de nombreuses réflexions très intéressantes sur l'art. L'une d'elles dit ceci : « Le dessin n'est pas la forme mais la compréhension de la forme. » Dessiner, c'est comprendre plus ou moins bien la forme des objets et, par conséquent, être conscient des possibilités qu'ils offrent sur le plan de la composition. La composition artistique implique la maîtrise du dessin. Lorsque l'artiste se promène à la campagne ou dans la rue, lorsqu'il observe des fruits ou un ensemble d'objets, lorsqu'il pense aux possibilités picturales de tous ces thèmes possibles, il est en train de composer et de dessiner mentalement. Mieux encore, il effectue un travail préalable à la composition et au dessin : il compare les dimensions, prévoit les distances et les espaces en calculant les proportions des différentes parties par rapport au tout.

Il s'agit là d'un calcul approximatif, qui se précise et se concrétise lorsque l'artiste se met à dessiner le sujet choisi. Nous allons étudier ce processus mental à partir de la composition très simple reproduite ci-dessous (fig. 160). Bien sûr, nous partons d'un sujet déjà composé, d'un ensemble d'objets choisis pour la variété de leurs formes et disposés en respectant la règle de Platon associant l'unité et la diversité (vous en rappelez-vous ?). Mais nous pourrions tout aussi bien travailler à partir d'un paysage ou de toute autre scène naturelle et la démarche serait la même.

Fig. 159. *(Page précédente.)* Nous étudierons les techniques de composition à partir d'une nature morte composée des objets que vous voyez ici.

Fig. 160. Il est possible d'étudier les dimensions et les proportions de n'importe quel thème pictural, ainsi que la position relative de ses diverses parties. Ici, la forme des objets et leur disposition facilitent le calcul mental des distances.

160

Considérons d'abord les principales dimensions : la hauteur et la largeur du sujet. Nous calculons la hauteur en allant du point le plus bas (le fond de la vieille cafetière) au point le plus haut (le bouchon de la bouteille). Quant à la largeur, elle va de l'extrémité du beaupré à l'anse de la cafetière, et sa dimension est un peu inférieure à deux fois la hauteur. En recherchant le milieu de cette largeur, nous constatons qu'il se situe à peu près au niveau du tambour contenant les aubes du bateau.

Un des points importants de notre calcul tient au fait que le mât principal tombe approximativement sur le milieu de cette largeur. C'est une référence très précieuse pour la compréhension des distances de moindre importance, comme celles séparant les mâts ou encore la largeur de la bouteille, de la cafetière ou de la pomme.

Nous devons aussi prêter attention aux distances séparant les objets, en prenant comme point de comparaison des éléments verticaux comme les côtés de la cafetière, les supports du bateau, le goulot de la bouteille, etc.

Ces diverses opérations mentales vont faciliter la mise en place des différentes parties du modèle. Il s'agit là d'une authentique « construction mentale », indispensable pour toute composition artistique.

Fig. 161. Ce dessin est une approche schématique du processus de calcul mental des proportions préalables à la réalisation d'une œuvre. La démarche consiste à comparer les distances, la hauteur et la largeur des différents éléments, en les voyant comme un tout afin d'obtenir des proportions correctes pour le dessin ou la peinture que l'artiste se propose d'élaborer.

161

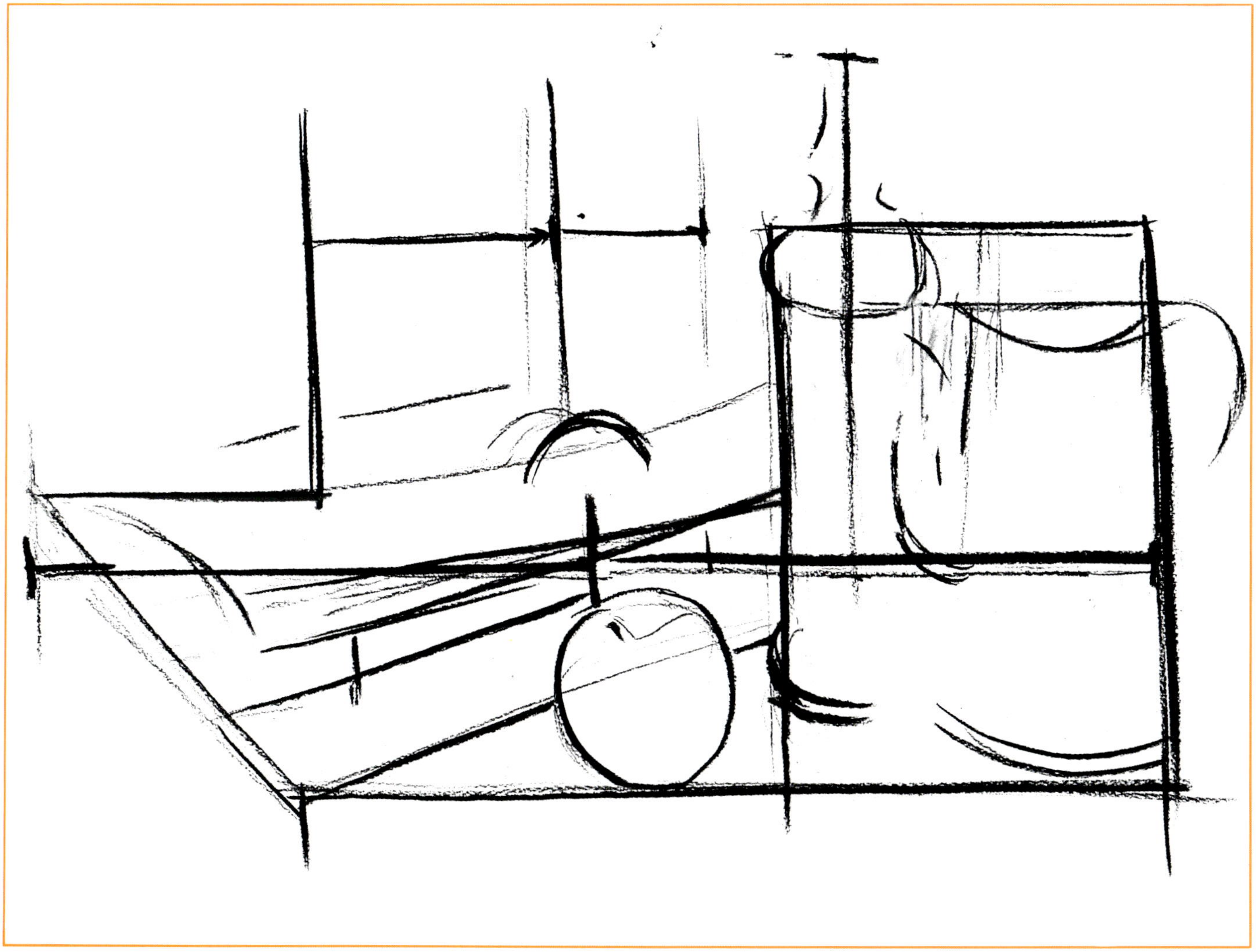

Calcul réel

Reprenons notre exercice en supposant maintenant que nous avons « maîtrisé » mentalement les dimensions et les proportions du modèle, que nous savons comment construire ses différentes parties et que nous sommes prêt à reporter sur la feuille de dessin toutes ses données.
Pour bien centrer et cadrer un sujet, il existe une méthode très souvent employée par les dessinateurs et par les peintres. Elle consiste à découper à angle droit deux bandes de bristol noir, puis à reconstituer un carré ou un rectangle aux dimensions variables que l'on utilise ensuite comme une fenêtre de visée pour anticiper la position du sujet sur le papier. Dans le cas présent, cette fenêtre prend la forme d'une feuille rectangulaire disposée en largeur (fig. 162).
Il va s'agir maintenant de comparer des distances, d'étudier les dimensions et les proportions avec une plus grande précision. Pour cela, nous utilisons une autre technique en usage chez les artistes : la mesure au moyen d'un crayon ou du manche d'un pinceau. C'est très simple : il suffit que le dessinateur se situe devant le modèle en tenant le crayon dans la main, le bras tendu. Les dimensions se traduisent alors facilement en distances, sur le crayon ou le pinceau, entre l'extrémité de ce dernier et le bout du pouce (fig. 163).
Il suffit ensuite de comparer les dimensions obtenues par ce moyen. Ce qui était auparavant une approximation mentale se trouve corrigé ou confirmé par ces nouvelles mesures. Les figures ci-contre (fig. 164 à 166) vous permettent de suivre l'application de cette technique à l'aide d'un

162

163

164

Fig. 162. Deux bandes de bristol noir découpées à angle droit suffisent pour construire un « viseur » qui vous sera très utile pour étudier le cadrage de votre composition. La « fenêtre » doit toujours correspondre aux proportions de la toile ou du papier.

Fig. 163. Utilisez un crayon ou le manche d'un pinceau tenu à bout de bras pour les mesures qui vous seront nécessaires.

165

16

Fig. 164 à 166. Étudiez comment on détermine la largeur, la hauteur ou le milieu d'un sujet avec un crayon tenu à bout de bras.

des dimensions et des proportions

crayon. Vous pouvez commencer par prendre la hauteur totale du sujet, du bouchon de la bouteille au fond de la cafetière (fig. 164). Ensuite, vous mesurez la largeur de l'extrémité du beaupré à l'anse de la cafetière (fig. 165), et ainsi de suite. La dernière figure vous montre que la moitié de la largeur va de la pomme à l'extrémité droite du sujet (fig. 166).

Il ne faut pas manquer de souligner que ces mesures ne sont qu'indicatives et n'ont pour but que d'établir des proportions entre chaque élément et l'ensemble. Elles ne donnent pas une mesure précise des dimensions.

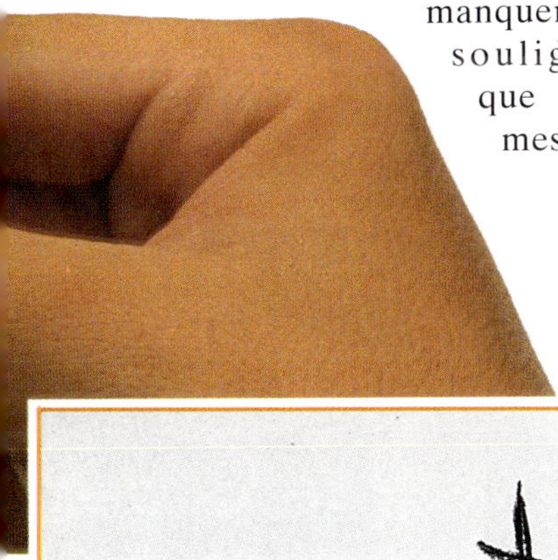

On peut toutefois continuer de définir des relations aussi précises que possible, mais il arrive un moment où ce n'est plus nécessaire car les distances deviennent faciles à déduire. La figure ci-dessous vous montre le résultat d'un tel travail (fig. 167). Il a suffi de quatre ou cinq mesures, les plus significatives, pour réaliser ce dessin. Et le travail est d'autant plus facile si vous avez attentivement étudié au préalable les proportions.

Pour conclure, soulignons que toutes ces mesures doivent être calculées après avoir déterminé le cadrage, c'est-à-dire après avoir placé l'ensemble sur la feuille de papier à l'aide de votre fenêtre de visée.

Fig. 167. Ce dessin au fusain est l'aboutissement d'un calcul des dimensions et des proportions établi à l'aide de la méthode que nous venons de décrire.

167

L'utilisation d'une « grille »

Nous allons aborder maintenant une méthode de composition basée sur la transposition « exacte » du modèle sur le papier ou sur la toile. Cette méthode n'est plus utilisée aujourd'hui que par les dessinateurs et les peintres souhaitant organiser leur travail en contrôlant systématiquement toutes les étapes du processus créatif. Ils obtiennent ainsi des résultats fidèles à une vision naturaliste de la réalité.
Que ce soit ou non votre cas, nous vous conseillons vivement d'approfondir cette méthode avant de décider de son intérêt et de son utilité. C'est une possibilité parmi d'autres permettant de composer et de dessiner un tableau. Tout commence par une grille que vous pouvez confectionner vous-même en découpant une fenêtre dans un bristol noir, tout en sachant que la largeur doit correspondre au trois quarts de la hauteur. C'est la proportion habituelle pour un format Figure, le format le plus couramment employé par les peintres. Vous divisez ensuite la largeur par six et la hauteur par huit. En réalité, vous pouvez faire autant de

16

Fig. 168. *Méthode pour dessiner un nu,* gravure sur bois, Albrecht Dürer (1471-1528). Voici la méthode mise au point par l'artiste, avec sa grille et son viseur.

169

170

Fig. 169 et 170. Correctement utilisée, la grille permet de reproduire le modèle en respectant fidèlement les proportions.

171

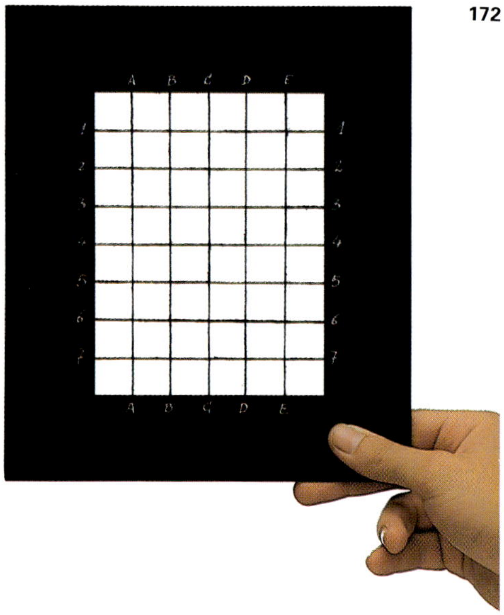

172

Fig. 171 et 172. Il est facile de construire une grille et de reporter chaque détail après avoir quadrillé au préalable la feuille de papier en respectant les proportions.

divisions que vous voulez, mais plus vous en aurez, plus vous compliquerez inutilement le dessin.
Après quoi, vous coupez des bouts de fil noir, ou de la cordelette fine peinte en noir, d'une longueur suffisante pour couvrir la largeur et la hauteur de la fenêtre. Vous tendez ensuite chaque fil et vous les fixez avec un ruban adhésif à l'endroit précis où vous avez fait vos marques.
Pour consolider l'ensemble, vous découpez ensuite une autre fenêtre de même dimension que vous collez sur la première. Vous pouvez aussi donner à chaque fil horizontal ou vertical une lettre ou un numéro qui vous permettra de les identifier sur le papier (fig. 171).
Pour utiliser cette grille, il vous suffit ensuite de quadriller votre feuille de papier en respectant les proportions, c'est-à-dire avec un même nombre de divisions en largeur et en hauteur, puis de reporter sur chaque carré les éléments que vous apercevez au travers de votre grille. Vous pouvez aussi utiliser cette grille comme simple référence, c'est ce que font la plupart des artistes, et reporter les distances à vue d'œil, comme avec la méthode du crayon.
Afin d'obtenir un dessin aux proportions exactes, vous devez tenir la grille à bout de bras devant le sujet, ou, ce qui est préférable, la fixer sur un support et regarder au travers en vous situant toujours à la même distance et à la même hauteur. Le mieux est alors d'utiliser un « viseur », c'est-à-dire un objet fixe quelconque devant lequel vous vous placerez (fig. 169 et 170).
Le but est que le rapport entre les différentes parties du modèle et les lignes de la grille reste le même pendant que vous réalisez votre dessin.
Le quadrillage tracé sur le papier peut être effacé par la suite, ou laissé apparent si les lignes sont très fines (fig. 173 et 174).

Fig. 173 et 174. Il est préférable de commencer par reporter les contours du sujet sur le papier quadrillé (fig. 173), puis de travailler les ombres et les volumes (fig. 174).

173

174

Le cadrage

Quel que soit le thème pictural : un paysage, une nature morte ou un personnage, il peut être vu sous des angles très différents. La montage Sainte-Victoire fut peinte de nombreuses fois par Paul Cézanne, mais aucune toile ne ressemble à une autre, le profil de la montagne change, le paysage alentour se modifie, le cadrage n'est pas le même.

Découvrir le cadrage adéquat, celui qui offre le plus de possibilités picturales, est un élément déterminant. De ce cadrage va dépendre, pour une bonne part, l'attrait visuel de la composition, tout sujet offrant un aspect plus intéressant, plus significatif.

Le premier élément à considérer est la distance vous séparant du sujet : trop importante, le sujet sera perdu au sein d'un grand espace ; trop courte, vous pourrez vous tromper dans les proportions de chaque élément du tableau car votre vision sera facilement déformée par l'absence de recul.

N'hésitez pas à vous déplacer vers l'avant ou vers l'arrière, sur la gauche ou sur la droite, en comparant les différentes possibilités offertes. Ne vous contentez pas de votre première approche du sujet. Vous devez aussi tenir compte des différents plans qui vous aideront à traduire les distances. Parfois, il suffit d'un objet situé à un endroit « stratégique » ; un arbre au premier plan, par exemple, constitue la référence idéale pour définir les distances entre les autres éléments de la composition.

Faites preuve d'imagination. Cherchez des cadrages sortant de l'ordinaire : un premier plan qui se détache, un point de vue élevé, etc.

Pour vous exercer au cadrage, nous vous conseillons d'emporter avec vous la fenêtre de visée constituée des deux bandes de bristol coupées à angle droit dont nous avons parlé précédemment. Devant un paysage, vous pourrez alors essayer une infinité de cadrages possibles : allongés, en hauteur, carrés..., bref, de toutes les formes. Il y en aura toujours un qui offrira davantage de possibilités picturales. En déplaçant cette fenêtre devant le paysage, vous verrez défiler les cadrages les plus variés, comme le démontrent les photographies ci-contre.

175

176

Fig. 175 et 176. La fenêtre de visée vous permet de tester les différentes compositions possibles en la déplaçant devant le sujet. Prenez-la avec vous lorsque vous allez peindre hors de l'atelier.

7

Fig. 177 et 178. Chaque thème requiert un cadrage particulier. Devant un paysage dominé par des lignes verticales (fig. 177), vous aurez tout avantage à rechercher une composition également verticale. Pour un vaste panorama à l'horizon dégagé, le format en largeur est préférable.

178

9

180

Fig. 179 et 180. Dès qu'il s'agit de paysages, les possibilités de composition sont inépuisables. Les sous-bois, les champs, les côtes escarpées, etc., peuvent faire l'objet de compositions variées en fonction des cadrages suggérés par la forme des arbres, des rochers, des plantes...

L'utilité de la photographie

Comme nous l'avons vu dans les pages consacrées à l'évolution de la composition artistique, l'apparition de la photographie, vers le milieu du XIXe siècle, fut une révolution technique et visuelle qui ne laissa pas indifférents les artistes de l'époque. La facilité avec laquelle la réalité se trouva reproduite permit de révéler de multiples aspects jusqu'alors ignorés, de saisir un mouvement, une atmosphère, un cadrage peu ordinaire, etc.

La photographie dépouilla la réalité représentée de toute subjectivité et de toute intention en la reproduisant avec une froide impartialité à laquelle le public d'alors n'était pas accoutumé. Son influence est évidente chez les impressionnistes, avec les personnages en mouvement de Renoir, les « instantanés » de Caillebotte, les ballerines et les femmes à leur toilette de Degas, etc. Depuis lors, la relation entre photographie et arts plastiques n'a pas cessé de produire des résultats étonnants. La liste des peintres contemporains utilisant la photographie à des fins artistiques serait interminable ; certains s'en servent tout simplement comme documentation, d'autres en font un élément participant au processus créatif. C'est le cas de peintres américains comme Robert Rauschenberg ou Andy Warhol, qui l'utilisèrent pour des travaux de sérigraphie ou d'impression.

Il ne fait aucun doute que la photographie, en tant qu'outil auxiliaire, peut considérablement influencer la peinture. Compléter une étude de composition basée sur des croquis ou des esquisses d'après nature avec des photographies du modèle ou du sujet est une pratique recommandée. Il n'est pas nécessaire de posséder un équipement « professionnel » ; un appareil de type « reflex » doté d'un objectif de 35 ou de 50 mm est très suffisant pour obtenir de bons résultats sur papier ou sur diapositive.

Mais rappelez-vous qu'une œuvre picturale n'est pas une photographie, que cette dernière doit rester un outil, un complément de travail. L'idéal est d'associer la photographie aux études réalisées d'après nature lorsqu'on met la dernière main à une composition. Son utilisation se justifie aussi quand il est difficile de peindre un sujet directement d'après nature, que ce soit à cause du contexte (une rue encombrée, une fête foraine) ou lorsque le sujet est éphémère et ne permet pas d'être saisi par d'autres moyens (une atmosphère changeante, par exemple). N'oubliez pas qu'une œuvre picturale réalisée exclusivement à partir d'une photographie manque le plus souvent de relief et perd le côté vivant et spontané que l'on n'obtient qu'en travaillant d'après nature. En conclusion, vous devez interpréter une photographie avec la même liberté avec laquelle vous interprétez la réalité.

Fig. 181. L'utilisation de la photographie comme instrument de travail parmi d'autres est tout à fait justifiée lorsqu'il est difficile de peindre en ayant le modèle devant soi ou que l'on souhaite achever chez soi une peinture commencée d'après nature. À partir de plusieurs photographies d'une même scène, il est possible d'interpréter correctement un sujet donné.

181

182

Fig. 182 et 183. Certains thèmes, comme le paysage urbain, sont plus difficiles à peindre d'après nature que d'autres. Une photographie du sujet permet alors à l'artiste de travailler dans son atelier, du moment qu'il ne se limite pas à la copier. Il doit l'interpréter avec créativité.

183

Fig. 184. L'artiste contemporain ne doit pas rejeter la photographie en tant que technique auxiliaire. Un équipement très simple suffit à obtenir de bonnes photographies qui permettront de poursuivre un travail commencé d'après nature.

184

L'aide de la géométrie

185

Fig. 185. Voici les cinq solides platoniciens : la pyramide, le cube, l'octogone, le dodécaèdre et l'icosaèdre. À la Renaissance, les artistes relièrent les proportions du corps humain à ces figures géométriques de base.

Tous les problèmes liés à l'ordre et à l'harmonie font référence à des principes géométriques. Il en va de même pour la composition artistique, où le recours à la géométrie aide considérablement le peintre.

Pour cela, nous allons encore faire appel à Platon et à sa théorie des solides géométriques réguliers. Le grand philosophe pensait qu'une certaine conception de l'ordre était inhérente à tout objet naturel, de telle sorte que chaque corps est déterminé par une structure géométrique parfaite. Platon imagina cinq polyèdres susceptibles de représenter la réalité qui nous entoure et auxquels on donna le nom de *solides platoniciens*. Ces solides sont la pyramide à quatre faces, le cube, l'octogone - équivalent à deux pyramides à quatre faces réunies par leur base -, le dodécaèdre, ou figure à douze faces pentagonales, et l'icosaèdre, composé de vingt faces triangulaires (fig. 184). En étudiant les propriétés de ces solides, les artistes de la Renaissance s'aperçurent qu'ils s'appliquaient aussi bien au canon des proportions du corps humain qu'aux compositions architecturales. Michel-Ange disait à ce propos : « Il faut considérer les différents éléments constituant un

186

Fig. 186 et 187. *Le Dessert de gaufrettes,* Lubin Baugin (v. 1612-1663). Musée du Louvre, Paris. Dans l'histoire de la peinture, on trouve de nombreux exemples d'œuvres composées à partir de figures géométriques régulières. Nous trouvons ici, entre autres, des cylindres, une sphère et un ovale.

187

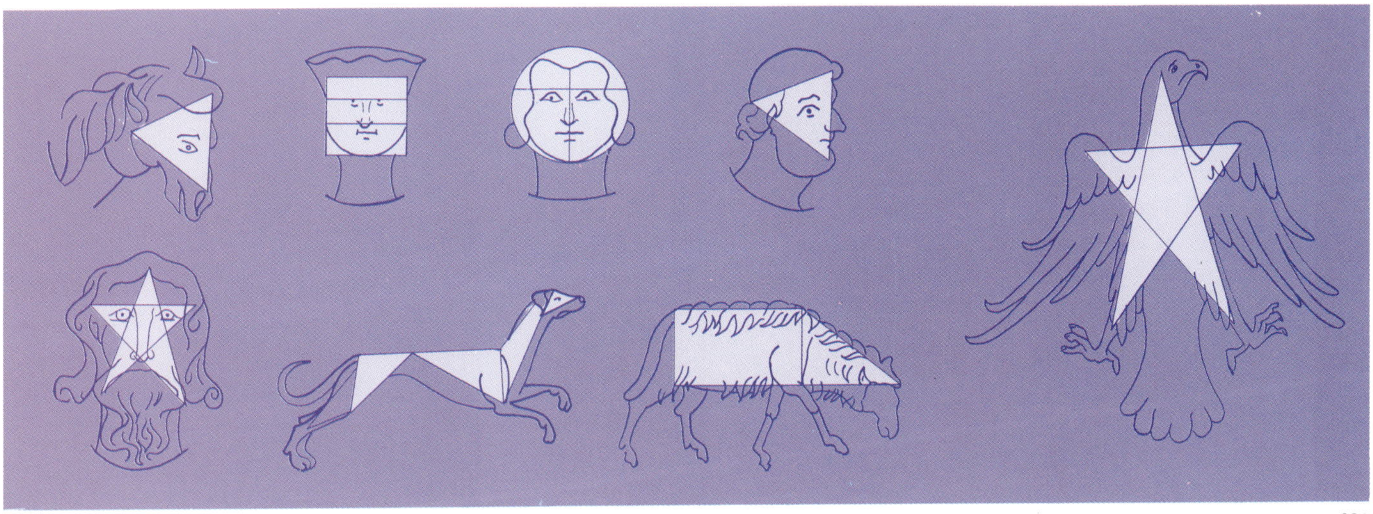

188

édifice, ainsi que leur harmonie, comme s'il s'agissait des parties du corps humain. »

Les peintres et les architectes avaient déjà largement utilisé les formes géométriques pour dessiner les structures architecturales les plus simples. Au XIIIe siècle, l'architecte Villard de Honnecourt compila, dans un volumineux cahier, des esquisses réalisées à partir de schémas géométriques qui facilitaient la composition de figures humaines ou animales (fig. 188). En ce qui concerne l'art moderne, cette conception géométrique classique fut mise en avant par Cézanne. Dans une lettre destinée à son ami le peintre Émile Bernard, celui-là écrivait : « Traitez les formes naturelles comme s'il s'agissait de cubes, de sphères ou de cylindres. »

La plupart des concepts artistiques du XXe siècle se retrouvent implicitement dans l'enseignement de Cézanne. Le cubisme en est un exemple révélateur ; dans quel domaine pourrait-on trouver une aussi grande influence de la géométrie sur la composition artistique ?

Comme vous le voyez, l'intérêt porté aux formes géométriques varie selon les époques, mais les peintres y ont toujours prêté une attention constante. Ce que nous pourrions traduire ainsi : pour dessiner et peindre des objets réels, ainsi que pour les ordonner sous forme de compositions attrayantes et équilibrées, il existe une excellente méthode consistant à les construire à partir de formes géométriques de base telles que la pyramide, la sphère, le cube ou le cylindre.

Fig. 188. Croquis extraits du cahier d'esquisses de Villard de Honnecourt (première moitié du XIIIe siècle). Les dessins de Villard se basent sur la combinaison de formes géométriques planes.

Fig. 189. Pour Cézanne, la nature pouvait se traduire au moyen du cube, de la pyramide, du cône (ou du cylindre) et de la sphère.

189

Construction et formes géométriques de base

Si vous pouvez dessiner sur un papier ou sur une toile, avec un crayon ou un pinceau, les différentes figures géométriques auxquelles nous avons fait référence dans les pages qui précèdent, vous pouvez tout aussi bien dessiner n'importe quel objet réel.
Il est évident que si vous analysez la structure du premier objet vous tombant sous la main, ou celle d'un forme aperçue lors d'une promenade en ville ou à la campagne : une maison, une automobile, un pot de fleurs, etc., vous constaterez que cette structure s'inscrit dans une forme géométrique. Ainsi, il suffit de savoir dessiner une sphère, un cube ou un cylindre pour savoir dessiner toute autre forme.
Il ne s'agit pas ici d'utiliser la règle et le compas, car nous ne recherchons pas une forme géométrique parfaite ; un rapide croquis à main levée correctement proportionné est suffisant. Pour commencer, nous vous conseillons de prendre trois ou quatre objets de forme simple, tels qu'une boîte en carton, une balle ou une boîte de conserve, et de les dessiner de diverses grandeurs dans des positions différentes, séparément ou ensemble, en perspective frontale ou oblique, etc. À partir de ces formes, vous pouvez ensuite imaginer les objets que vous voulez, vous pouvez construire des choses simples, comme une chaise ou une table, ou plus compliquées, comme votre maison.
C'est une première étape nécessaire et divertissante vous permettant d'étudier la construction et la structure des objets les plus divers.

Fig. 190 à 195. Toutes les formes imaginables : plantes, animaux, corps humain ou tout autre objet peuvent se construire à l'aide d'une structure géométrique correctement proportionnée. Ce procédé s'avère très utile pour la pratique du dessin.

190

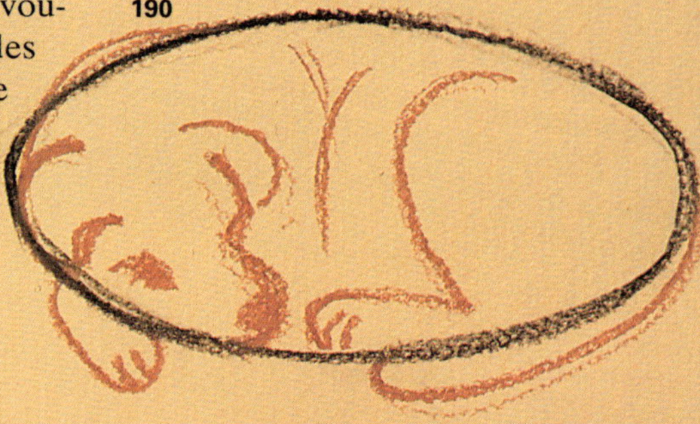

192

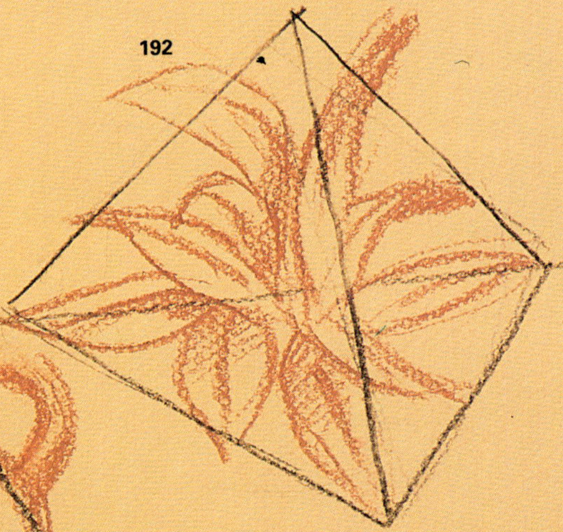

193

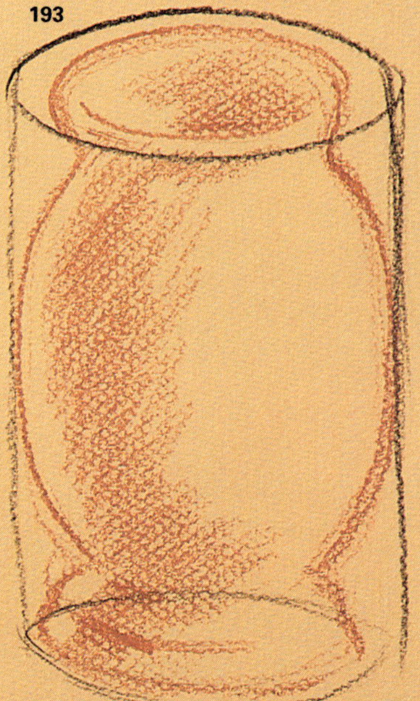

191

194

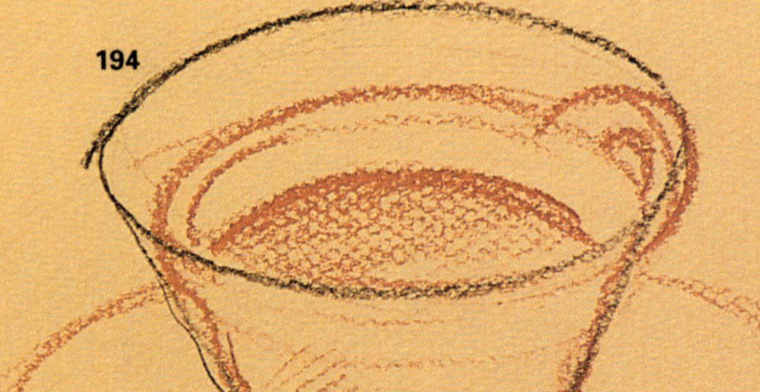

195

Le tangram

À première vue, le tangram est un simple casse-tête composé de sept pièces plates : cinq triangles rectangles (deux grands, un moyen et deux petits), un carré et un quadrilatère dont les faces opposées sont parallèles (fig. 195). C'est un passe-temps japonais.
Mais il s'agit en fait d'une méthode ancienne, peut-être la plus ancienne, pour apprendre à dessiner.
Cet étonnant casse-tête permet d'apprendre à voir géométriquement les formes. En associant ces sept pièces, on peut obtenir une multitude de figures évoquant des objets, des personnages, des plantes et des animaux sous une forme schématique. À partir de ces schémas, le dessinateur acquiert des notions de base sur la structure des corps qui vont lui permettre de construire son dessin (fig. 197 et 198).
Le tangram se trouve dans tous les magasins spécialisés en jeux de société. Il est vendu avec un manuel illustrant les principales formes que l'on peut créer. Bien que les configurations obtenues à partir du tangram soient planes, les raccourcis qu'elles impliquent très souvent suggèrent la profondeur, la troisième dimension.

196

Fig. 196. Voici les pièces composant le tangram. Ce casse-tête divertissant permet en outre de réaliser de multiples combinaisons géométriques très utiles pour l'apprentissage du dessin.

197

198

Fig. 197 et 198. *Personnage écoutant le vent souffler dans les pins*, Ma Lin (milieu du XIIIe siècle). Musée du Palais, Taïwan. À droite, schéma du personnage construit à partir des pièces du tangram.

199

200

Fig. 199 et 200. Autre exemple classique des nombreuses formes que l'on peut composer en associant les pièces du tangram.

Composition : cadrage et construction

Certains commencent par un trait, par l'esquisse d'une forme de base vue en perspective ; la plupart dessine un carré ou un rectangle, ou encore les contours schématiques du modèle. Mais tous se posent la question de la hauteur du sujet par rapport à la largeur (ou l'inverse) avant de dessiner ou d'imaginer un cadre : un carré, un rectangle, un cube ou un prisme rectangulaire, ou encore une combinaison de figures géométriques planes et en volume.

Tout dépend du sujet choisi. S'il s'agit d'un objet simple et isolé, un cadre géométrique simple suffira, mais nous avons le plus souvent à peindre une nature morte, un paysage ou un personnage. Tous ces thèmes sont plus ou moins complexes, composés de diverses formes devant s'articuler entre elles sur la toile, des formes qui doivent être cadrées et construites ; en un mot : être composées.

L'essentiel est que l'artiste se laisse influencer par le thème choisi. Il faut que le sujet nous dicte les formes adéquates, en commençant par les plus grandes et en progressant vers les détails. Mais, bien sûr, pas tous les détails ; l'artiste doit être conscient que seuls certains d'entre eux sont significatifs : ceux qui viendront compléter et enrichir les formes globales de la composition, ceux qui vont cadrer avec l'ensemble de la structure géométrique. C'est là un point très important, car il est facile de tomber dans la routine du « copiste », dans un engourdissement de la sensibilité qui altère les formes de la composition par un excès de détails superflus. Pour illustrer et approfondir cet aspect, nous prendrons pour exemple les dessins de Josep Roca-Sastre. Ce sont des travaux appartenant à ses années de formation, pendant lesquelles l'artiste étudiait précisément les problèmes posés par la construction des formes. En analysant ces dessins, nous comprenons mieux l'importance et l'utilité de la géométrie dans la composition. Chacun d'eux développe une combinaison spécifique de formes géométriques planes ou tridimensionnelles basées sur des lignes et des formes aussi simples que la diagonale, le carré ou l'ovale.

Fig. 201. *Nature morte à la lampe*, Josep Roca-Sastre (1928). Collection particulière.

Fig. 202. *Étude de nu*, Josep Roca-Sastre. Collection particulière. Aussi bien pour la nature morte que pour ce nu, l'artiste part de formes géométriques simples.

201

202

Construire correctement un bras revient à assembler avec soin deux cylindres ; la combinaison de formes ovoïdes permet de réaliser la tête, les épaules, les hanches... L'attention de l'artiste se partage entre le modèle et le développement de la géométrie ; cette dernière s'ajuste aux caractéristiques du modèle, tandis que celui-ci se conforme aux exigences de la géométrie, de l'ordre, de la construction et, enfin, de la composition.

Nous vous recommandons d'étudier avec soin les dessins précis de Roca-Sastre, ils sont tout à fait appropriés à la compréhension des notions que nous venons d'aborder ici.

203

Fig. 203. *Étude de nus,* Josep Roca-Sastre. Collection particulière. Pour étudier le mouvement des corps, l'artiste a simplifié les formes de base en les ramenant à des circonférences, des cylindres, des cônes, etc.

Fig. 204. *Étude de nu*, Josep Roca-Sastre. Collection particulière. On voit nettement ici comment l'artiste relie entre elles par des lignes et des formes abstraites les différentes parties du corps.

Fig. 205. Tête de femme, Josep Roca-Sastre. Collection particulière. Cet étonnant dessin à l'encre démontre une remarquable interprétation du volume à partir de formes géométriques simples.

204

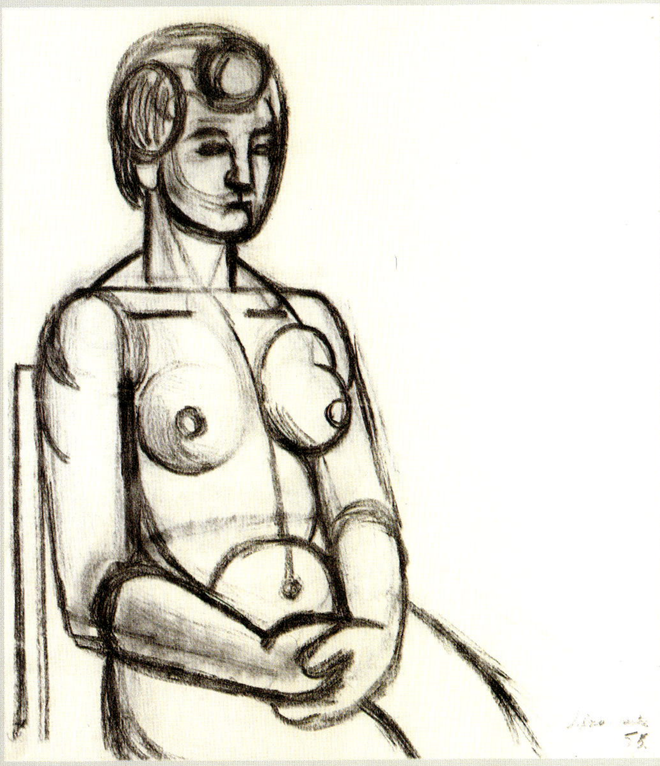

205

Compositions géométriques

De nombreux peintres ont considéré la géométrie non seulement comme une méthode permettant d'obtenir certains résultats picturaux, mais aussi comme une fin en soi. Ces artistes découvrirent que la rigueur de la géométrie pouvait aussi être source d'émotions esthétiques.

En fait, cet aspect subjectif doit être à l'origine de toute utilisation de la géométrie en composition artistique. Autrement dit : composer un tableau à partir de formes régulières n'est pas synonyme de qualité artistique tant que l'artiste ne possède pas ce que l'on pourrait appeler une *perception des formes,* tant qu'il ne prend pas plaisir à manier et à associer des figures géométriques régulières.

Les peintres dont nous reproduisons ici des œuvres sont des artistes ayant travaillé à partir d'une telle vision subjective. Grâce aux formes géométriques, ils ont découvert une méthode permettant de jeter un regard plus intense sur la réalité, de représenter un sujet en portant davantage d'attention aux facteurs émotionnels qu'à la représentation fidèle du modèle.

206

207

208

209

Fig. 206. *Composition*, Mario Radice. Collection particulière. La géométrie pure peut aussi être source d'émotion esthétique. C'est ainsi que l'ont compris de nombreux peintres abstraits.

Fig. 207. *La Tête rouge*, Amadeo Modigliani (1884-1920). Musée national d'art moderne, C. G.-P., Paris.

Fig. 208. *La Boutique de mode*, 1914, August Macke (1887-1914). Folkwang Museum, Essen.

Fig. 209. *Paysage urbain*, Mario Sironi. Collection particulière.

210

Fig. 210. *Praxitella*, Windham Lewis (1884-1957). Leeds City Art Galleries, Leeds.

Fig. 211. *Nature morte métaphysique*, Carlo Carra (1881-1966). Collection particulière.

Fig. 212. *Nature morte*, Giorgio Morandi (1890-1964). Collection particulière.

211

212

L'ébauche, première approche de la composition

Déterminer une composition en fonction de diverses possibilités, en choisissant le meilleur cadrage et les proportions idéales, en adaptant les dimensions du sujet au format de la toile ou du papier, implique tout un processus d'ajustement parfois lent et complexe.

L'une des méthodes pour aborder ce processus consiste à « attaquer » directement la toile ou le papier au crayon ou au fusain et de rectifier les erreurs en cours de route, de supprimer ou d'ajouter des éléments jusqu'à obtenir la composition définitive. C'est ainsi que procèdent de nombreux artistes pour lesquels la confrontation avec les matériaux et avec le support, ainsi que les modifications successives, stimulent la créativité.

D'autres préfèrent préparer avec soin leur composition en réalisant de nombreuses études ou esquisses préalables, en essayant diverses solutions qui vont les amener à l'œuvre définitive.

Chacune de ces méthodes est bonne. Le choix de l'une ou de l'autre dépend tout d'abord de la technique utilisée. À l'aquarelle, il est difficile de rectifier et le procédé lui-même implique un traitement frais et spontané de la couleur. En revanche, l'huile ou le pastel, qui sont des médiums plus couvrants, autorisent de nombreuses modifications. En second lieu, pour certains tempéraments, les décisions prises « en cours de route », sont stimulantes, tandis que d'autres préfèrent maîtriser le sujet dès le départ. Cependant, même les peintres travaillant directement sur le support définitif réalisent souvent des esquisses préalables, quelques brèves tentatives de composition précédant le travail final.

Ces esquisses peuvent être exécutées d'après nature, devant le paysage, le modèle, la nature morte, ou devant tout autre sujet. On peut aussi réaliser quelques études de mémoire, en se rappelant les caractéristiques du sujet et en le recréant à grands traits sur le papier. Dans ce cas, il faut se préoccuper davantage de la composition que de la ressemblance. Il est alors très

213

Fig. 213. *Meknès le 1er avril 1832, Journal de route*, voyage au Maroc et en Espagne (janvier-juillet 1832), Eugène Delacroix (1798-1863). Musée du Louvre, département des Arts graphiques, Paris. Lors de ses voyages, le peintre prenait quantité de notes et d'esquisses à l'aquarelle qu'il utilisait ensuite dans ses compositions.

214

Fig. 214. *Le Secours*, Francisco de Goya (1746-1828). Musée du Prado, Madrid.

215

Fig. 215. *Chemin dans une forêt,* Claude Lorrain (1600-1682). British Museum, Londres. Certaines esquisses peuvent être considérées comme des œuvres achevées. C'est le cas de ces deux lavis de Goya et de Claude Gellée, dit Le Lorrain, réalisés très librement mais avec une grande précision.

intéressant de laisser courir librement le crayon afin que les formes qui apparaissent suggèrent de nouvelles combinaisons.

Les techniques employées pour ces travaux préalables vont du simple crayon graphite jusqu'à l'ébauche rapide à l'huile exécutée librement sur un carton ou un papier épais, en passant par le dessin au fusain, à la plume, à l'encre de Chine appliquée au pinceau ou au bambou taillé, sans oublier les esquisses réalisées à l'aquarelle, à la gouache, au pastel sec ou à la cire.

Par ailleurs, ces travaux peuvent se poursuivre alors même que l'œuvre définitive est commencée. Devant les inévitables hésitations qu'implique toute réalisation picturale, il est conseillé d'essayer diverses solutions sur une feuille à part avant de choisir la bonne. Certains artistes vont même jusqu'à réaliser des esquisses après avoir terminé leur œuvre afin d'étudier des possibilités nouvelles suggérées par la peinture définitive. Dans ce domaine, il n'y a pas de règle absolue ; c'est toujours l'artiste qui a le dernier mot.

216

217

218

Fig. 216. *Péniches sur l'Elbe*, Ernst Ludwig Kirchner (1880-1938). Folkwang Museum, Essen. Esquisse colorée où l'artiste a recherché davantage l'effet d'ensemble suscité par les contrastes que la description précise du paysage.

Fig. 217. *Femme et fleurs,* Henri Matisse (1869-1954). Collection particulière. L'étude se résume ici à un dessin au trait.

Fig. 18. *Nu vu de dos*, Percy Windham Lewis (1884-1957). Collection particulière. Cette esquisse est un parfait exemple d'étude anatomique.

La méthode du quadrillage

219

220

Entre la première intuition d'une peinture et l'œuvre achevée, les artistes choisissent des méthodes de travail parfois très différentes. Selon les époques, les styles et les techniques utilisés, les peintres ont procédé de diverses manières ; mais presque toutes ces méthodes passent par la réalisation d'esquisses préalables, d'études de composition plus ou moins détaillées que l'artiste exploite ensuite pour son travail définitif.

Nous avons déjà parlé de l'importance de ces esquisses ; ce qui va retenir maintenant notre attention, c'est un procédé presque aussi ancien que la peinture elle-même, un procédé permettant de passer de l'esquisse à la toile en respectant fidèlement toutes les proportions.

Il s'agit de la traditionnelle méthode consistant à quadriller le dessin ou l'esquisse avant de le reporter sur une toile ou un autre support de plus grande dimension, qui a aussi été quadrillé dans les mêmes proportions.

C'est là un procédé très utile lorsque l'artiste dispose d'un dessin dont la composition le satisfait. Les exemples offerts par l'histoire de l'art démontrent que le dessin préalable n'est pas toujours un travail très achevé ni très détaillé. Nous rencontrons souvent des esquisses très libres que l'artiste quadrille et transpose sur la toile non pas pour leur exactitude mais pour leur fraîcheur et leur spontanéité ; des qualités qui se perdraient lors de la lente élaboration d'une peinture de grandes dimensions.

Il arrive aussi que ce soit un dessin très précis et très « finalisé », ne nécessi-

Fig. 219. *Dessin préparatoire*, Le Tintoret (1518-1594). National Gallery, Londres.
Fig. 220. *L'Apothéose d'Hercule,* Charles Le Brun (1619-1690). Musée du Louvre, département des Arts graphiques, Paris. Ces deux dessins quadrillés sont des fragments d'études préalables à de grandes compositions décoratives.

tant que quelques retouches, que l'artiste reporte fidèlement sur sa toile. Dans tous les cas, la méthode du quadrillage est la même. Afin de faciliter autant que possible la copie exacte du dessin, certains artistes superposent au quadrillage des diagonales qui, en subdivisant encore la feuille, offrent davantage de points de repère.
Si l'artiste ne souhaite pas abîmer son dessin en le quadrillant, il peut utiliser une photocopie ou le reporter sur un papier calque.

221

Fig. 221. *Danseuse de trois quarts face*, 1872, Edgar Degas (1834-1917). Harvard University, The Fogg Art Museum, legs Meta et Paul J. Sachs, Cambridge (Mass.). Contrairement à ce que l'on pourrait penser, Degas étudiait à fond chacune de ses compositions, sans rien laisser au hasard. Le côté spontané de ses œuvres cache souvent un intense travail préalable.

Fig. 222 et 223. *Portrait de Mrs. Mills en 1750*, 1929, Joan Miró (1893-1985). New Canaan, collection particulière. Miró prenait très au sérieux le moindre de ses croquis. Il les incorporait à de plus grandes compositions qui étaient ensuite reportées fidèlement sur la toile par la méthode du quadrillage.

222

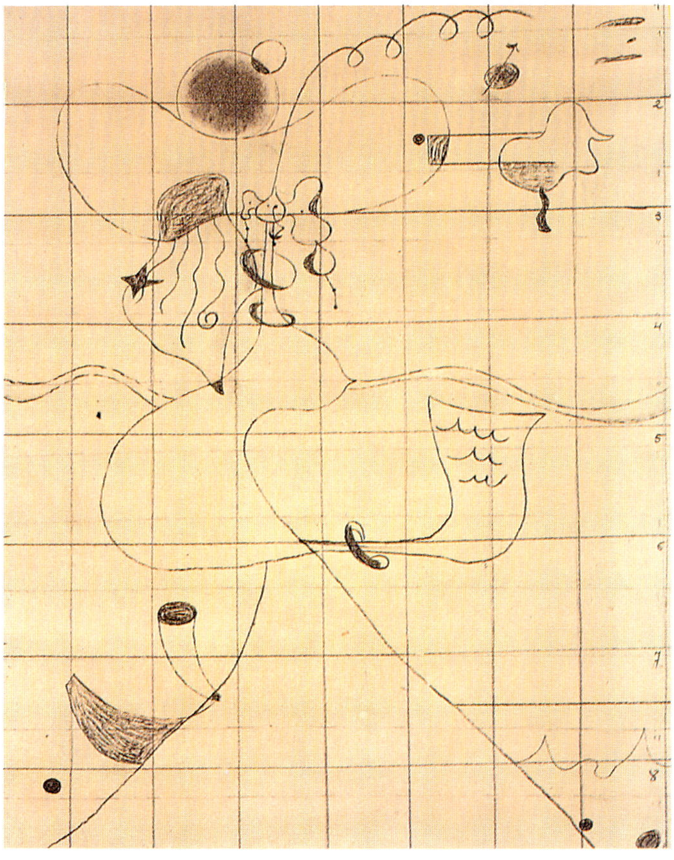

223

L'art de synthétiser

224

Fig. 224. Vicenç Ballestar est un remarquable aquarelliste possédant une étonnante capacité de synthèse. Il peut traduire à la perfection une forme par un rapide croquis ou une étude colorée brève et spontanée.

Insistons encore sur l'importance de l'esquisse et de l'ébauche préalable dans la pratique de la composition artistique. Par esquisse, nous entendons une étude rapide effectuée d'après nature, permettant à l'artiste de saisir les aspects essentiels du sujet qu'il approfondira ensuite dans le cadre d'une future composition. L'ébauche est déjà une première tentative de composition, une étude des diverses constructions possibles, des formes et des couleurs entrant dans la peinture définitive. Pour une œuvre figurative, la relation entre études ou esquisses d'après nature et ébauches préalables est très étroite. Le peintre élabore ses études à partir de ses ébauches, et ces dernières entraînent la réalisation de nouvelles études d'après nature, afin d'incorporer au résultat final des observations plus précises et plus rigoureuses.

Pour illustrer ces notions, nous allons étudier les travaux de Vicenç Ballestar, un artiste doté d'une exceptionnelle capacité d'observation et passionné par la peinture animalière. Ballestar a proposé de nous accompagner au parc zoologique afin de réaliser une série d'esquisses d'après nature, complétées par des ébauches de composition, tout en appliquant différentes techniques parmi les plus couramment utilisées par les artistes allant prendre des notes d'après nature : crayon graphite, encre

225

225A

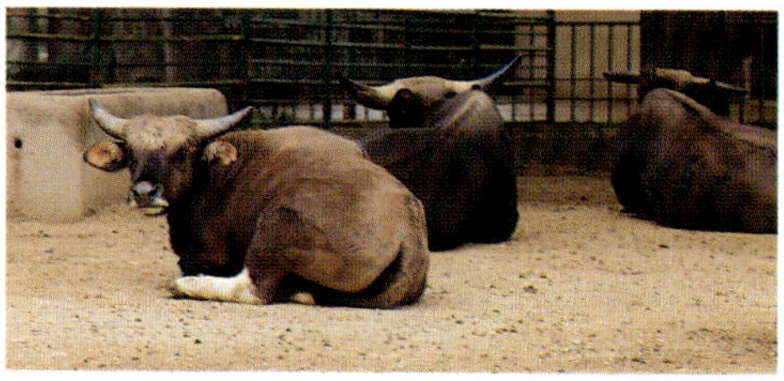

226A

227A

226

et aquarelle. Nous allons commencer par étudier les flamands roses. Les caractéristiques de cet animal se prêtent aussi bien au dessin au trait qu'à l'esquisse en couleur. Le flamand possède en effet l'une des silhouettes les plus sveltes et les plus gracieuses du monde animal. C'est pourquoi il est tentant d'en traduire les formes en quelques lignes qui le définissent, mais on peut aussi le résumer, comme l'a fait Ballestar (fig. 225), par une « tache » rose clair nuancé avec soin pour restituer le volume. Vous noterez la présence de la sphère et du cylindre dans cette délicate aquarelle réalisée en quelques coups de pinceau chargé d'une couleur très diluée.
Comme autre exemple de l'aptitude de notre artiste à synthétiser les formes, nous avons ce zébu interprété par quelques traits avec un pinceau trempé dans de l'encre sépia. Observez que la rapidité exigée par ce type d'esquisse fait que les lignes « respirent », qu'elles se développent avec naturel sans vraiment limiter la forme générale de l'animal (fig. 226). C'est là le but : observer et dessiner l'ensemble en négligeant les détails superflus.
La girafe ne tenait pas en place, mais Ballestar choisit pourtant de la dessiner dans une position difficile, une position exigeant davantage un instantané qu'un croquis, même rapide (fig. 227).

227

Fig. 225 et 225 A. La forme stylisée du flamand suggère l'emploi d'une légère nuance passée presque d'un seul coup de pinceau.

Fig. 226 et 226 A. Ce gros zébu peut se résumer en quelques traits libres et spontanés à l'encre sépia.

Fig. 227 et 227 A. En quelques coups de crayon, notre artiste a donné vie et mouvement à cet « instantané » de la girafe.

De l'esquisse à l'étude de la composition

Peindre et dessiner, la couleur et le trait... Ces deux termes ont été définis maintes fois ; on a dit que le trait est plus intellectuel et la couleur plus subjective. Pour certains, l'essentiel de l'art réside dans le dessin, pour d'autres, dans la couleur. Personnellement, j'en reste à ce mot de Paul Cézanne : « Plus la couleur s'affirme, plus le dessin se précise. » Autrement dit, dessin et couleur ne sont pas séparables, l'un suggère et conditionne l'autre.

Il arrive que dessin et couleur parlent des « langages » différents, et l'artiste doit savoir les associer afin qu'ils ne se contredisent pas, ou qu'ils ne fassent pas double emploi. Ces idées nous viennent en observant le travail de Ballestar, en voyant son expérience et la facilité avec laquelle il esquisse les formes. Observez comment il a résolu celle de ce rhinocéros (fig. 228) : une forme massive dominée par le grand volume cylindrique de son corps volumineux.

Ballestar a utilisé un crayon à mine tendre et de l'aquarelle. Là où le trait existe virtuellement la couleur suggère le volume par une tache monochrome. En associant ces deux techniques, l'artiste sait qu'il n'a pas besoin de dessiner ce qui peut être exprimé par un lavis. Et inversement, il n'a pas à peindre ce que le dessin définit et explique. Grâce à cette manière de travailler, les deux techniques se complètent, et même les espaces laissés en blanc contribuent à restituer la forme générale de l'animal. C'est ainsi qu'il faut réaliser une esquisse, étudier la forme et le volume, exprimer la capacité de synthèse que tout artiste possède.

De l'esquisse, nous allons passer maintenant à l'ébauche, à l'étude de composition effectuée par Ballestar à partir d'un éléphant.

228

Fig. 228. Les rhinocéros sont assez difficiles à dessiner car ils ne ressemblent à aucun animal familier (malgré tout, la girafe reste un cheval aux longues pattes et au long cou), mais cela ne pose pas vraiment de problème à Ballestar.

229

Fig. 229. L'artiste a modifié la position des rhinocéros afin d'obtenir une composition plus esthétique. L'anatomie des animaux est parfaitement rendue.

Pour rendre la sensation d'espace, Ballestar a choisi d'intégrer un palmier à sa composition. Situer un objet au premier plan est une méthode très souvent employée par les peintres pour restituer la profondeur sans recourir à la perspective, bien que notre artiste la suggère ici avec un point de fuite situé hors des limites de la feuille (fig. 231). Le schéma de composition donne toute son importance à l'éléphant sans qu'il soit nécessaire de le rapprocher pour en accroître la taille. L'artiste applique tout d'abord sur le fond une tache indéfinie avec de l'encre sépia, tout en réservant le dos de l'animal.

Pour cette ébauche, il est essentiel de déterminer avec soin la relation entre les blancs du papier et les zones recouvertes, car c'est de là que vont dépendre aussi bien la forme que l'espace.

L'excellent résultat obtenu (fig. 232) est susceptible de s'intégrer à une œuvre plus complexe, mais c'est aussi une composition qui se suffit à elle-même.

230

Fig. 230 à 232. L'éléphant n'arrêtait pas de se déplacer d'un endroit à l'autre, mais Ballestar est parvenu à en traduire le mouvement dans une composition en deux temps : tout d'abord, une première esquisse au crayon où l'on remarque les diagonales de la composition (fig. 231), puis une ébauche à l'encre sépia réalisée dans un vibrant clair-obscur (fig. 232).

231

232

233

Fig. 233. Pour peindre cet éléphant, Ballestar a utilisé de l'encre sépia et des pinceaux ronds et fins en poils de martre.

Du schéma à l'esquisse, de l'esquisse à la composition

Les esquisses et les ébauches reproduites ici ont été réalisées par Ballestar avec les techniques utilisées pour les exemples précédents. Elles résultent toutes d'un même processus allant du schéma linéaire initial jusqu'à la définition de la forme par les ombres ou par la couleur. Chacune offre une possibilité de composition suggérée par l'animal, dont l'artiste a su interpréter les formes en une synthèse géométrique. L'habileté de l'artiste dans le maniement très libre des couleurs à l'aquarelle et dans la précision des formes fait que ces travaux sont de remarquables exemples.

Fig. 234 à 236. Par chance, l'ours polaire était paisiblement endormi dans son enceinte. Observez que le cadrage de la photographie (fig. 234) coïncide avec la composition de Ballestar (fig. 235). L'artiste s'est basé sur un demi-ovale pour construire la forme globale de l'animal. Après avoir ajusté sa composition, il a peint cette magnifique aquarelle (fig. 236).

Fig. 237 et 238. (Page ci-contre.) Avec le chameau, nous avons voulu montrer la réalisation d'une esquisse au bâtonnet de craie. C'est une technique tout aussi rapide que l'aquarelle, mais sans avoir la légèreté de celle-ci. Le résultat est intéressant par les possibilités de composition offertes dès lors qu'on travaille sur un format plus grand en recherchant le maximum de détails.

234

235

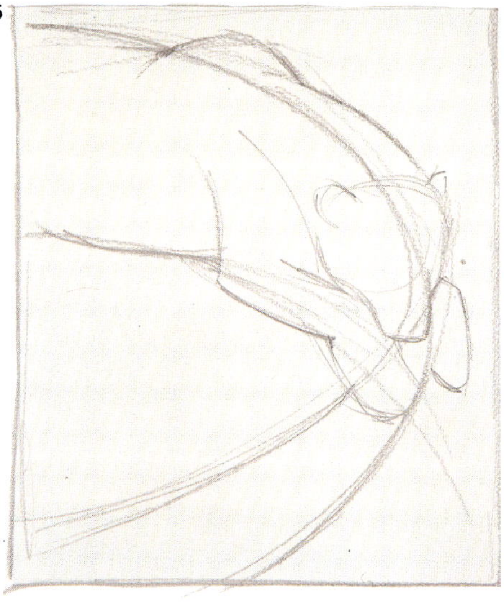

236

237

238

239

240

241

Fig. 239 à 241. Représenter un animal et son reflet sur l'eau est un sujet qui a été traité avec habilité par de nombreux aquarellistes. La solution de Ballestar est étonnante ; comme vous le voyez, elle consiste à inscrire la composition dans un triangle divisé en deux parties égales. Dans la partie correspondant au reflet, les formes et les couleurs s'estompent en une multitude de touches très suggestives.

242

LA COMPOSITION DES THÈMES PICTURAUX

La composition ne se réduit pas au schéma, mais celui-ci facilite la compréhension de l'architecture interne de la peinture. Ce chapitre va nous permettre de vous présenter différents exemples, regroupés par thèmes et accompagnés de leurs schémas de composition. S'y ajoutera un exercice pratique, dont nous développerons les différentes étapes, et grâce auquel vous pourrez étudier l'importance des schémas de composition appliqués à la nature morte.

Le paysage et la composition en profondeur

La peinture de paysages est, à l'évidence, le thème permettant le mieux d'appréhender un espace en profondeur. Le peintre doit mettre tous les moyens de composition dont il dispose au service de cette « fiction » qu'est un espace tridimensionnel représenté sur une toile. Il existe toutefois des paysages « en aplat », tels que les décors caractéristiques de la peinture gothique, qui sont traités avec beaucoup d'habileté par certains peintres contemporains. Mais si nous étudions le chemin parcouru par la peinture de paysages en Occident depuis la Renaissance, nous constatons que la recherche de la profondeur est encore ce qui la caractérise le mieux.

Les peintres ont rendu cette profondeur en appliquant différentes méthodes de composition, dont la perspective n'est que l'une d'entre elles. Ces méthodes vont du paysage composé à partir de « décors » superposés, jusqu'à l'expression spatiale basée sur des contrastes successifs de couleurs. Les artistes ont recherché et appliqué les formules les plus variées pour simuler la profondeur sur une surface à deux dimensions.

Les œuvres illustrant ces deux pages sont représentatives de cette diversité.

243

Fig. 242. (Page précédente.) Schéma de composition du *Paysage avec saint Jérôme,* peint par Joachim Patinir. Musée du Prado, Madrid.

243A

244A

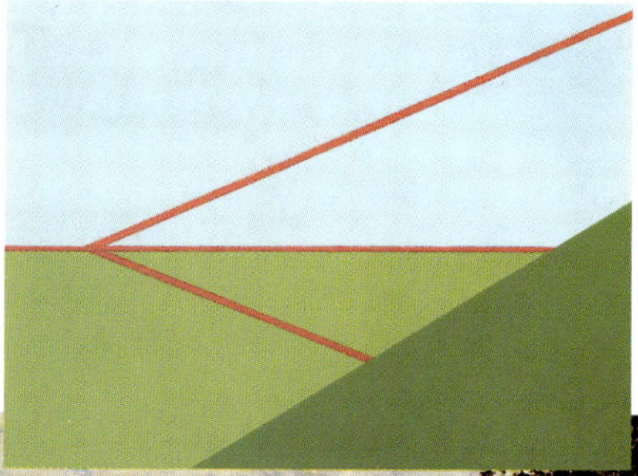

245A

244

245

246A

Fig. 243 et 243 A. *Coucher de soleil sur la voie de chemin de fer*, Edward Hopper (1882-1967). Withney Museum of Art, New York. La répétition de lignes horizontales parallèles évite tout effet de perspective, mais la sensation de profondeur, très convaincante, est rendue par l'alternance des plans d'ombre et de lumière.

Fig. 244 et 244 A. *Paysage avec saint Jérôme*, Joachim Patinir (première moitié du XVIe siècle). Musée du Prado, Madrid. Dans cette œuvre maîtresse de la peinture de paysage, la profondeur est restituée par une succession de « décors ».

Fig. 245 et 245 A. *Le Pont de chemin de fer à Argenteuil*, 1874, Claude Monet (1840-1926). Musée d'Orsay, Paris. L'effet de profondeur est obtenu grâce aux lignes du pont vues en perspective. Elles fuient toutes vers un même point.

Fig. 246 et 246 A. *Meules de paille*, juin 1888, Vincent Van Gogh (1853-1890). Rijksmuseum Kröller-Müller, Otterlo. Ce sont les contrastes de couleurs qui suggèrent ici la sensation d'espace.

Fig. 247 et 247 A. *Le Rempart*, Jaume Mercadé (1889-1967). Collection particulière.

247A

246

247

Le paysage urbain et les marines

Le paysage urbain et les marines sont des thèmes que l'on serait tenté, à première vue, d'intégrer à la peinture de paysages. Dans un certain sens, c'est tout à fait exact. Mais ce sont toutefois des thèmes se distinguant par des caractéristiques particulières.

Si la composition d'un paysage est essentiellement organique, articulée à partir des irrégularités de la nature, celle d'un paysage urbain est avant tout géométrique. Avec les édifices, les rues, les fenêtres, etc., l'architecture est partout présente et la composition doit être conçue comme un seul grand ensemble pictural.

Pour ce qui est des marines, la composition doit toujours tenir compte d'un élément primordial qui s'appelle la ligne d'horizon. L'ensemble du panorama en dépend, bien que certains artistes aient employé des méthodes audacieuses pour échapper à cette obligation.

Les compositions choisies ici illustrent les aspects spécifiques à chacun de ces deux genres, ainsi que quelques exceptions intéressantes.

248

248A

Fig. 248 et 248 A. *La Gare Saint-Lazare,* 1877, Claude Monet (1840-1926). Musée d'Orsay, Paris. Toute la dynamique de ce spectacle très coloré est dominée par l'imposant triangle formé par le toit de la gare.

249A

249

Fig. 249 et 249 A. *Les Toits de Paris,* Albert Marquet (1875-1957). Collection particulière.

250A

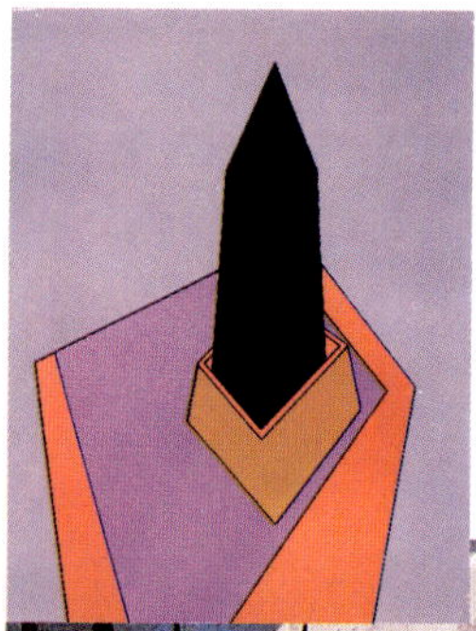

250

Fig. 250 et 250 A. *La Tour rouge de Halle,* Ernst Ludwig Kirchner (1880-1938). Folkwang Museum, Essen.

Fig. 251 et 251 A. *Le Pont Boïeldieu, à Rouen, temps mouillé,* 1896, Camille Pissarro (1830-1903). Art Gallery of Ontario, Toronto.

Fig. 252 et 252 A. *Le Matin après le Déluge,* 1843, Joseph Mallord William Turner (1775-1851). Tate Gallery, Londres. Voici une composition inhabituelle pour une marine. Avec cette œuvre, Turner fait un bond dans le futur en préfigurant la peinture du XXe siècle.

Fig. 253 et 253 A. *La Porte dite « Raampoortje »,* à Amsterdam, 1809, Wouter Johannes van Troostwijk (1782-1810). Rijksmuseum, Amsterdam.

Fig. 254 et 254 A. *Longue jambe,* Edward Hopper (1882-1967). Fondation Virginia Steele Scott, San Marino.

251

251A

252A

252

253A

254A

253

254

Les personnages. Portraits et autoportraits

Le portrait est le thème « difficile » par excellence. En théorie, rien ne le laisse pourtant supposer. Pour un artiste, peindre un personnage ne devrait être qu'un sujet parmi tant d'autres, un sujet susceptible d'être composé en appliquant les mêmes règles que pour une marine ou un paysage.

Mais l'être humain n'est pas seulement une forme complexe, et l'attitude de l'artiste n'est pas la même devant un arbre que devant un ami dont on fait le portrait. La peinture de personnages est donc un thème à part auquel le peintre, aussi bien d'ailleurs que le public, porte une attention particulière.

Cet intérêt de l'artiste, comme celui du client, fait que le portrait est à l'origine d'une immense production d'œuvres d'art tout au long de l'histoire.

Les peintures reproduites ici composent une galerie de personnages, de portraits et autoportraits représentatifs de différentes possibilités de composition, chacune étant accompagnée de la structure géométrique correspondante. Tout portrait ou autoportrait contient des implications psychologiques, sociales ou morales qui n'interviennent que très rarement dans la composition des autres thèmes picturaux.

Fig. 255 et 255 A. *Portrait de Victor Chocquet,* 1876, Auguste Renoir (1841-1919). Collection Oskar Reinhart, Winterthur. C'est là un exemple typique de portrait en buste.

Fig. 256 et 256 A. *Autoportrait au bonnet,* 1878, Édouard Manet (1832-1883). Bridgestone Museum of Art, Tôkyô. Les autoportraits en pied ne sont pas courants. Ici, la simplicité de la composition va de pair avec celle de la technique.

Fig. 257 et 257 A. *Estelle Musson de Gas,* 1872-1873, Edgar Degas (1834-1917). National Gallery of Art, Washington.

Fig. 258 et 258 A. *Autoportrait en smoking,* Max Beckman (1884-1950). Harvard University, Cambridge. Cette composition est structurée à partir des grandes masses colorées.

Fig. 259 et 259 A. *Lunia Czechowska,* Amadeo Modigliani (1884-1920). Musée national d'art moderne, C. G.-P., Paris. Deux ovales orientés différemment sont à la base de cette composition.

255A

256A

255

256

257A

257

258A

259A

8

259

La nature morte

260

260A

Peindre une nature morte, c'est travailler à partir d'une composition. En effet, l'artiste compose d'abord son sujet, puis son tableau. Il n'a pas à rechercher un modèle, puisqu'il peut le créer dans son propre atelier à partir des objets les plus courants.

En outre, le peintre à la possibilité de le modifier en cours de route en fonction de ce qu'il souhaite obtenir. C'est ainsi que procédait Cézanne : il recomposait sans cesse ses natures mortes en utilisant des livres ou des pièces de monnaie pour modifier la hauteur et la position des éléments, toujours en fonction des possibilités de composition naissant de son imagination au fur et à mesure que la peinture progressait. En principe, tout objet peut

261A

261

entrer dans la composition d'une nature morte, mais la tradition autant que l'attrait de certaines combinaisons incitent les artistes à préférer les drapés, les fruits, les récipients en verre, en métal ou en céramique, avec lesquels ils réalisent des compositions en frise, en triangle, sur plusieurs plans, etc.

Fig. 260 et 260 A. *Nature morte à la table rouge,* André Derain (1880-1954). Fondation E. G. Bührle, Munich. Le point de vue élevé et la composition en lignes brisées rendent très dynamique cette nature morte.

Fig. 261 et 261 A. *Citrons, oranges et rose,* Francisco de Zurbaran (1598-1664). Fondation Norton Simon, Pasadena (Californie). Exemple classique de nature morte composée en forme de frise.

262

262A

Fig. 262 et 262 A. *Nature morte à la grenade,* Willem Kalf (1619-1693). Paul Getty Museum, Malibu. Le format vertical est idéal pour souligner l'élégance et la finesse des formes.

263

263A

Fig. 263 et 263 A. *Nature morte,* Paul Cézanne (1839-1906). Museum of Modern Art, New York. L'apparent désordre des objets est une caractéristique de la nature morte moderne. Toutefois, Cézanne était très scrupuleux dans le choix et la disposition des éléments.

La composition d'une nature morte

264

Fig. 264. Notre premier essai de composition consiste à peindre une nature morte disposée un peu comme une frise, mais sur différents plans en profondeur constitués respectivement par les citrons, la coupe à fruits et les cruches. En outre, une certaine symétrie va faciliter la schématisation des formes.

265

Fig. 265. Voici le schéma de composition initial. Tous les éléments s'intègrent dans des rectangles qui s'inscrivent à leur tour dans un rectangle plus grand correspondant à la construction de l'ensemble.

266

Lors de l'apparition des premières natures mortes, au début du XVIIe siècle, le thème fut dédaigné par les amateurs d'art, par les acquéreurs de l'époque (l'Église, la noblesse, la bourgeoisie). Ceux-ci tenaient en haute estime la dignité du sujet, une dignité qui devait se traduire par des portraits solennels, par des scènes mythologiques ou par des paysages idéalisés. La nature morte était trop réaliste et quotidienne, trop « vulgaire ».

L'intérêt des impressionnistes pour le réel et leur indifférence pour les sujets grandioses ravivèrent l'intérêt porté à ce thème. Un thème qui s'adaptait parfaitement à toute investigation picturale, à l'expérimentation de nouvelles associations de formes et de couleurs et à l'exercice de la composition.

Nous sommes allés faire quelques courses tout en réfléchissant aux objets que nous pourrions utiliser pour les travaux pratiques qui vont suivre. Du marché, nous avons ramené des fruits, des pommes et des citrons, des légumes aussi : des oignons, des tomates, des poivrons rouges et verts, ainsi que des bettes à carde. En cherchant dans la cuisine, nous avons découvert certains objets intéressants : une gargoulette, une coupe à fruits, un bol en terre cuite, une cruche, et même un chapeau de paille. De quoi composer de nombreuses et très différentes natures mortes dont le point commun sera la simplicité. Si cet aspect champêtre ne vous motive pas, vous pouvez utiliser tout autre type d'objets ; nous nous sommes laissé guider par les possibilités qu'offrait ce que nous avions à portée de la main.

Fig. 266. L'ajustement de la composition va jouer un rôle déterminant dans la résolution picturale des formes. Plus la construction sera précise, plus il sera aisé de peindre le tableau. Sans cela, de constantes et nécessaires rectifications s'imposent et viennent gêner le travail.

Nous allons travailler sur des papiers Canson mi-teinte, c'est-à-dire des papiers aux couleurs pastel, en choisissant parmi les différents gris. Pour dessiner l'esquisse préalable, nous utiliserons des sanguines et des bâtonnets de craies (les craies sont plus dures que les pastels).

La première composition comprend simplement la gargoulette, la cruche, la coupe à fruits contenant des poivrons et une pomme, ainsi que deux citrons ; le tout disposé à la manière d'une frise, mais sur plusieurs plans. Nous avons recherché la symétrie, l'équilibre de l'ensemble. Mais ce n'est pas une symétrie absolue : la différence de taille entre les deux cruches la rend plus vivante, ainsi que la position décalée des citrons (fig. 264). Observez la construction à base de rectangles (fig. 265) ; un grand rectangle situe l'ensemble dans l'espace, tandis que plusieurs rectangles plus petits correspondent à chacun des objets.

La nature morte suivante présente une composition triangulaire dominée par les lignes horizontales du chapeau et des bettes à carde, ainsi que par les tiges verticales des oignons (fig. 268). Ce n'est pas une composition compliquée, mais il faut tenir compte du fait que les tiges des oignons sont inclinées ; elles ne suivent pas parfaitement la verticale du triangle. Si on néglige ce détail, l'ensemble manquera de souplesse et d'harmonie.

267

Fig. 267. Pour cette nouvelle composition, nous avons choisi un ensemble aux formes contrastées : arrondies, allongées, droites, etc.

268

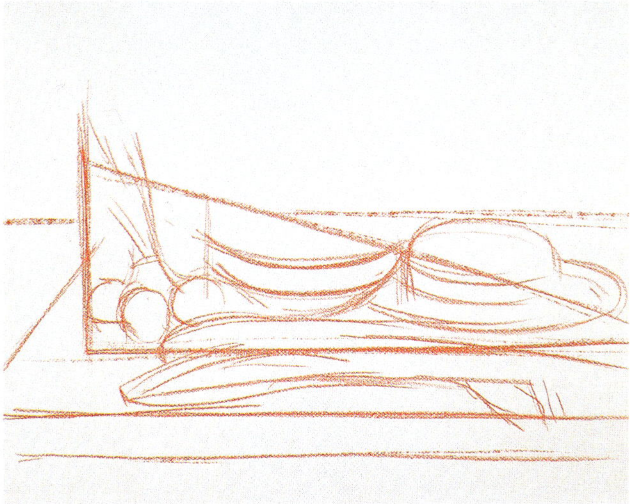

Fig. 268. La composition est nettement horizontale, mais cette horizontalité ne constitue que la base du triangle. Une base limitée par les tiges verticales des oignons et par l'hypoténuse qui recoupe le bord du chapeau.

269

Fig. 269. Pour peindre cette nature morte, il faut avoir présent à l'esprit que le triangle de composition implique aussi la troisième dimension. Ce qui revient à dire que nous devons distinguer clairement la position en profondeur de chaque élément disposé sur le plan horizontal de la table.

Triangles, trapèzes, pyramides...

Nous l'avons dit et répété : composer, c'est réduire le tableau à des schémas simples, à des formes de base, en utilisant des figures géométriques.
Peu importe la complexité du sujet, son aspect « informel » : le peintre doit savoir découvrir les lignes élémentaires qui le contiennent.
Voyez comment nous avons associé nos divers éléments en cherchant de nouvelles possibilités, en disposant les formes pour obtenir des contrastes (grandes contre petites, arrondies contre droites, contours irréguliers contre contours schématiques, etc.).
Tout d'abord, une composition triangulaire (fig. 270), mais dominée cette fois par la verticalité d'une grande bouteille en verre. Les oignons ne sont pas là par hasard ; ils constituent un « échelon » intermédiaire qui renforce l'hypoténuse du triangle, c'est-à-dire la diagonale allant de l'extrémité des branches au bord du chapeau. Comme vous le voyez sur la figure 271, c'est un cas particulier de la classique composition en triangle.
Voici maintenant une composition réalisée à partir de bouteilles et de flacons de différentes tailles (fig. 272). Une composition qui suit une diagonale ascendante complétée par une seconde diagonale plus petite, parallèle à la première et joignant, à leur base, le verre et la bouteille au premier plan.
Comme précédemment, il s'agit ici de construire toutes ces bouteilles à partir de carrés et de rectangles s'inscrivant dans les limites fixées par ces diagonales (fig. 273).
La verticalité de ce sujet peut nous suggérer aussi une composition « exagérée », où chaque bouteille est stylisée, ce qui donne un certain caractère à l'ensemble (fig. 274). Ce type de déformation est tout à fait valable et même conseillé ; rien ne nous empêche d'interpréter subjectivement le motif.
Aussi compliquée qu'elle paraisse, notre dernière composition (fig. 275) peut être construite à partir d'une pyramide dont le sommet coïncide avec le haut des branches introduites dans la grande bouteille (fig. 276).

Fig. 270 et 271. Cette nature morte correspond à une composition en triangle rectangle. Un triangle dont la verticale est formée par la grande bouteille en verre et par les branches, tandis que l'hypoténuse est renforcée par les tiges inclinées des oignons.

Fig. 272 à 274. (Page ci-contre.) Nous avons réalisé deux compositions différentes à partir d'un sujet constitué uniquement de bouteilles. Pour la première (fig. 273), l'ensemble est construit tel qu'il se présente, c'est-à-dire en suivant une diagonale. Pour la seconde, nous avons exagéré cette diagonale afin d'obtenir un résultat stylisé plus décoratif.

270

271

272

273

274

275

276

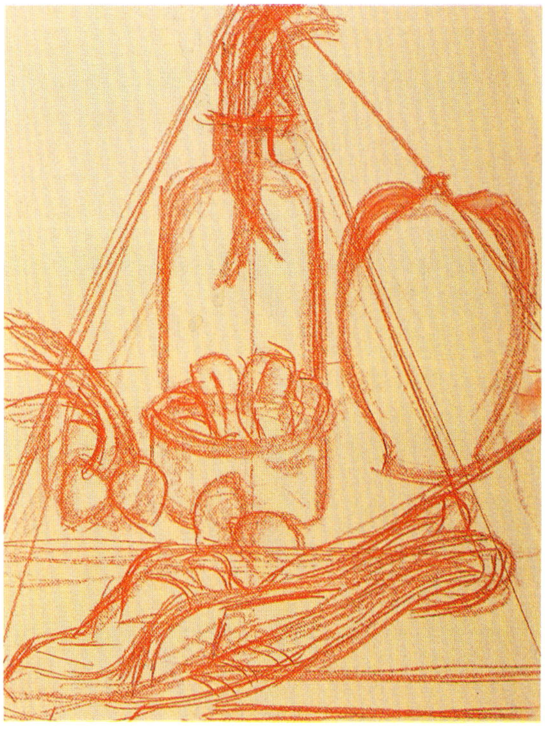

Fig. 275 et 276. Cette nature morte s'inscrit dans une forme pyramidale, ce qui implique que les triangles de composition sont vus légèrement en plongée, c'est-à-dire d'en haut. En plus de ces triangles, il faut donc aussi tenir compte des lignes de composition déterminées par les éléments sur le plan de la table.

Une composition complexe

Comme vous le voyez ci-dessous, il s'agit en effet d'une composition très variée, avec de nombreux objets hétéroclites : une coupe remplie de légumes, des fruits, un verre, une tasse, une bouteille, une gargoulette et une grande marmite contenant des oignons et des bettes à carde. Une composition complexe aussi par la disposition des éléments sur plusieurs plans, tant en hauteur qu'en profondeur, et sans oublier un élément nouveau : la lumière. L'éclairage d'une nature morte conditionne à la fois les formes et les couleurs, surtout lorsque cet éclairage est puissant et suscite un intense clair-obscur (comme dans le cas présent). Les ombres « dévorent » une bonne partie des objets et la lumière sature les couleurs. Les artistes du baroque obtinrent de remarquables résultats avec de tels éclairages, et rien n'empêche le peintre contemporain d'étudier les possibilités de composition qui en découlent.

Un maître du clair-obscur comme Rembrandt en arrivait même à préparer ses toiles en prévision des effets de lumière. Il commençait par étendre une couleur de base très claire sur les zones les plus lumineuses du tableau qu'il recouvrait ensuite de glacis colorés tout en laissant respirer la première couche.

Peu de peintres travaillent aujourd'hui ainsi. C'est pour cette raison que nous avons réalisé cette étude de composition en faisant abstraction du clair-obscur, en le réservant pour la peinture proprement dite.

Comme vous le voyez sur la construction préalable, la composition de cette nature morte peut se résumer à deux triangles aux dimensions différentes, l'un suggéré par les tiges des bettes à carde (le plus grand), l'autre par le bord de la gargoulette (le plus petit).

277

Fig. 277. Deux éléments importants sont à considérer dans cette composition : la disposition complexe des différents objets et l'éclairage latéral qui suscite un intense clair-obscur.

278

Fig. 278. Le schéma de composition est basé sur deux triangles inégaux situés sur des plans différents. Ils sont complétés par un carré et par un rectangle : le premier, pour la gargoulette et la bouteille ; le second, pour la grande marmite. Les fruits et les légumes s'intègrent dans des carrés ou des cercles plus petits.

Tout le travail de construction est mené à bien en partant de ces deux triangles. Vous noterez toutefois que la bouteille et la gargoulette s'intègrent dans un carré presque parfait, tandis qu'un rectangle permet de construire la marmite. Après avoir défini correctement les proportions de ces différentes figures, il suffit de comparer entre elles les dimensions des divers objets et de les inscrire dans la forme géométrique correspondante.

Cette démarche demande un certain temps, mais il ne faut pas aller trop vite ni vouloir peindre tant que les proportions ne sont pas justes.

La figure ci-dessous (fig. 279) vous montre comment nous avons introduit la couleur et le clair-obscur dans la composition. Si la construction préalable est correcte, il suffit de faire correspondre la couleur à la forme en respectant fidèlement ce que nous indique le modèle, et sans oublier les effets d'ombre et de lumière.

Bien sûr, le dire est une chose, le faire en est une autre ; mais nous vous incitons à tenter l'expérience, et à recommencer si le premier essai n'est pas une réussite. Cette composition est complexe, mais pas tant qu'il y paraît.

Fig. 279. Pour peindre cette nature morte, il faut considérer chaque forme, sa construction, ainsi que la place qu'elle occupe dans la composition, puis tenir compte des effets qu'entraîne le clair-obscur et des multiples reflets suscités par ce type d'éclairage.

279

280

LA PRATIQUE DE LA COMPOSITION

Comme nous l'avons vu, la composition artistique est un processus commençant bien avant de prendre le pinceau et se terminant avec la dernière touche. Dans ce dernier chapitre, nous allons développer, étape par étape, six compositions traitées par des artistes différents. Chaque peintre, avec son propre style, apporte des solutions vraiment originales au problème de la composition.

Un portrait à l'huile, par Esther Olivé

281

282

283

Afin de diversifier autant que possible les styles, nous avons fait appel à la très jeune, mais déjà excellente artiste Esther Olivé, qui s'est proposé avec enthousiasme de peindre un portrait à l'huile sous le regard du photographe. L'énergie et la désinvolture de son style rappellent les réalisations des *fauves* et des expressionnistes du début du XXe siècle ; des peintres plus préoccupés par l'impact de la couleur que par un travail réaliste, plus concernés par une composition simple et évidente que par les complexités académiques.

Fig. 280. (Page précédente.) Esther Olivé travaillant le portrait que nous allons développer maintenant.

Fig. 281 à 283. Pour composer ce portrait, l'artiste a choisi un format vertical sur lequel elle va centrer son modèle vu de face, à partir des hanches. La toile a été apprêtée au préalable avec des nuances vives pour faciliter le choix des couleurs.

Nous constatons avec étonnement que la toile d'Esther Olivé (un 20 Figure) est déjà « peinte », recouverte de couleurs vives et variées (fig. 282). Et l'artiste nous en donne la raison : « Un fond blanc est toujours dur et ces couleurs me viennent en aide. Je vais dessiner et peindre par-dessus. Souvent, je dessine les formes en harmonie avec cette base colorée, puis j'en profite pour travailler dans la même gamme. Et lorsque ça ne convient pas, je la rectifie. Je laisse ces fonds à la charge de mon fils Luis..., il a deux ans. » Nous imaginons que le petit Luis doit s'en donner à cœur joie.
Le fait de travailler sur un fond coloré est commun à de nombreux artistes. Il découle d'une vénérable tradition : celle des apprêts colorés des peintres vénitiens. Une tradition reprise ensuite par Vélasquez, Rubens et beaucoup d'autres grands artistes. Et bien qu'elle ne nous soit pas parvenue sous sa forme originale, elle n'en reste pas moins en vigueur. Esther Olivé effec-

284

Fig. 284. Quelques lignes suggérant les principaux volumes ont suffi à l'artiste pour composer son personnage. Elle a éliminé tous les plis formés par le pardessus et stylisé les contours.

tue quelques petites études de composition sur un bloc pour croquis (fig. 285). « Je recherche le rythme, l'équilibre des formes. J'enseigne le dessin dans une école et c'est un aspect que j'essaie toujours de faire comprendre à mes élèves. Pour moi, il s'agit d'obtenir... un déséquilibre équilibré. » C'est l'éternel problème de la composition artistique : accentuer les différences tout en considérant à égalité, la ressemblance, le mouvement et le repos ; en un mot, chercher l'unité dans la diversité. à ce propos, voyons ce qu'en pense l'artiste.

« Pour moi, il est essentiel que tout soit d'emblée bien conçu. Je commence par répartir les masses, les principaux volumes, sur la toile rectangulaire. Comme schéma de base, je pars ici d'une structure pyramidale, à laquelle je tente de donner vie en fonction de ce que me suggère le modèle, tout en adaptant les volumes du modèle à ce schéma. » En effet, l'artiste a exagérément élargi les manches du pardessus et réduit le volume de la tête, en accord avec le triangle de composition. Nous lui demandons alors ce qu'elle recherche : « Les rythmes, le contraste entre les contours et les volumes. Je me consacre aussi à la sculpture, c'est peut-être la raison pour laquelle je m'intéresse tant au volume. » Voici un aspect important : la vision sculpturale, la conception d'un espace tridimensionnel, d'un « authentique » volume. Il n'est pas indispensable d'être sculpteur pour posséder une telle vision, si nécessaire en peinture, mais il est vrai que les sculpteurs la possèdent mieux que les peintres.

Toutefois, la vision d'Esther Olivé est à la fois sculpturale et picturale. Elle ne peint pas en modelant les volumes grâce au clair-obscur, comme Michel-Ange, le plus grand de tous artistes ayant été peintres et sculpteurs à la fois, mais plutôt en partant d'un schéma géométrique en aplat, comparable aux idéogrammes égyptiens. Cependant, ces larges épaules et ces grandes manches, aux courbes suggérant le volume, ont quelque chose de typiquement sculptural. Tous ces aspects propres aux compositions d'Esther Olivé révèlent sa condition de sculpteur et de peintre.

Fig. 285. Voici le carnet utilisé par Esther Olivé pour effectuer ses études de composition. Nous constatons que l'artiste a cherché différentes solutions en fonction du format de la toile.

Fig. 286. Avant de passer les couleurs, le peintre reprend au pinceau les principales lignes de la composition, avec un mélange très foncé composé de bleu outremer et de carmin de garance.

286

285

Cohérence du dessin, cohérence de la couleur

La composition est réussie et Esther Olivé n'y pense plus. Elle se concentre à présent sur la couleur en commençant par définir la valeur la plus intense : la masse foncée du pardessus. Mais observons à nouveau ce dessin : il est très simple, très épuré, un peu comme un idéogramme. Pour l'équilibrer, ce dessin dépouillé va nous obliger à travailler avec des couleurs plus élaborées, plus riches et nuancées. Sans quoi, ce tableau se réduirait à des formes en aplat, décoratives mais trop pauvres. C'est donc en connaissance de cause que l'artiste s'applique à la tâche avec énergie. Elle laisse « parler » le pinceau et mélange directement les couleurs sur la toile, tout en laissant les nuances du fond jouer un rôle.

Le problème de l'ajustement entre la couleur et le dessin, entre la gamme chromatique utilisée et l'ensemble de cette composition linéaire, exige un travail particulièrement soigné du visage. C'est, en effet, la partie la plus complexe, la plus riche en détails, et sur laquelle repose essentiellement l'expressivité d'un portrait. L'artiste ralentit son rythme de travail pour se concentrer sur les traits du visage en utilisant une gamme de gris, des gris clairs qui virent vers le bleu par contraste avec le rouge du fond.

Pourquoi des gris et non, comme on pourrait le penser, des « couleurs chair » ? Ces couleurs chair ne s'imposent pas autant qu'on pourrait le croire, surtout depuis que les impressionnistes se sont penchés sur les problèmes et ont découvert que la couleur de la peau changeait en fonction de la lumière et selon le type de portrait. Surtout, aussi, depuis que les mouvements d'avant-garde (entre autres, l'expressionnisme et le fauvisme) firent passer ce qu'on appelle la « couleur locale », ou couleur naturelle des corps, au second plan. Les artistes décidèrent que le respect de l'harmonie chromatique de leur œuvre était plus

287

288

Fig. 287. L'artiste commence par peindre les grandes zones foncées. Le pardessus est la masse la plus importante du tableau ; c'est lui qui déterminera l'harmonie chromatique de l'ensemble.

Fig. 288. Le vert du fond est suggéré par les nuances préalables couvrant la toile à cet endroit. De même, l'artiste respecte jusqu'à un certain point le jaune sur lequel est dessinée la chemise, tout en lui ajoutant du blanc.

importante que la fidélité à l'harmonie chromatique de la nature. Ils avaient pour cela une bonne raison : ils peignaient avec des couleurs si saturées et si contrastées que le respect des couleurs naturelles aurait donné un résultat insipide.

Les gris d'Esther Olivé s'intègrent à l'harmonie chromatique du tableau, de la même manière que l'exagération des épaules s'accorde avec la composition. L'artiste cherche un style cohérent ; elle suit une logique purement picturale, éloignée de la logique « naturelle » et de toute fidélité à ce que doit être la couleur de la peau.

La réalisation du visage se rapproche du travail de taille du sculpteur : les volumes se définissent par des plans et par les arêtes que ces plans révèlent (observez le nez, la bouche ou le menton). C'est ainsi que se manifeste à nouveau la cohérence entre le dessin, essentiellement rectiligne, et la couleur exprimant le volume.

Nous en sommes là (fig. 291). Esther Olivé a laissé les traits initiaux définir la chevelure, sans trop insister avec la couleur. D'autre part, la tonalité du visage est rehaussée par le foulard foncé qui participe à l'expression générale du cou et de la tête. Vous noterez aussi que l'artiste a entouré son personnage d'un épais trait bleu. Serait-ce la bonne couleur pour le fond ? Elle en doute encore ; il convient d'y réfléchir avec calme avant de prendre une décision.

289

290

291

Fig. 289 et 290. Le traitement de la tête se caractérise par l'utilisation audacieuse d'une gamme de gris. Cette gamme s'harmonise avec les autres couleurs tout en permettant de traduire les volumes du visage.

Fig. 291. Le portrait étant pratiquement achevé, l'artiste va se préoccuper maintenant du fond.

Comment trouver le fond adéquat ?

Pour trouver la solution à un problème pictural, il ne suffit pas de se prendre la tête à deux mains. Il faut agir, faire des essais, rectifier, recommencer si nécessaire. Comme disait Cézanne : « Si ce tableau est un échec, on le jette au feu et on recommence. »
Mais il est possible d'éviter l'échec, de l'anticiper. Le meilleur moyen est encore celui utilisé par notre artiste. Il faut se poser les questions suivantes : comment traiter le fond ? Les couleurs utilisées sont-elles satisfaisantes ? Quelles sont les tonalités adéquates ?
Pour éviter de faire un faux pas, Esther Olivé a découpé deux morceaux de papier reprenant la forme du fond, qu'elle a peint ensuite dans les couleurs qui lui semblaient correspondre. Pour savoir à quoi s'en tenir, elle a appliqué un rouge sur l'un et un vert et bleu-vert sur l'autre, puis elle les a posés sur le fond en les fixant au châssis avec des pinces. Ainsi, elle a pu anticiper le résultat sans avoir à rectifier sur la toile.
Cette méthode peut être reprise avec différents types de papier (de couleur ou peints *in situ*), autant de fois qu'il le faut. Mais ces deux essais lui suffisent ; il est évident qu'un fond rouge est la seule solution possible. Un fond qui contraste fortement avec le pardessus tout en faisant ressortir le personnage, dont la couleur suggère visuellement une « distance », une profondeur qui

292

Fig. 292. Pour éviter les repentirs, il existe une méthode très simple qui consiste à découper des morceaux de papier en suivant les contours du fond, à les colorier et à les fixer sur la toile avec des pinces. Nous constatons ainsi qu'un fond rouge (sur la gauche) est préférable au bleu-vert précédent.

Fig. 293. Un nouvel essai avec un papier vert et bleu-vert (sur la droite) nous montre que cette couleur ne s'intègre vraiment pas à la composition.

Fig. 294. Le choix est clairement défini : le rouge est la couleur de fond qui s'harmonie le mieux avec la gamme chromatique dominante.

293

294

ne dépend pas du clair-obscur ou de la perspective. Tandis qu'un fond bleu-vert aurait, au contraire, foncé le pardessus et estompé les volumes du visage, ce qui n'était pas le but.
Esther Olivé à donc peint le fond en rouge. Dans un rouge moins violent que celui utilisé pour faire son essai sur le papier. Elle a recouvert les jaunes sur la chemise – qui ne s'accordaient plus avec le fond – avec des gris clairs et des blancs, ce qui lui permet enfin d'obtenir une composition cohérente.
Puis elle termine son portrait en achevant de définir la manche gauche. Il n'est pas nécessaire d'insister davantage, le résultat est satisfaisant.

295

Fig. 295. Ayant trouvé la couleur de fond adéquate, l'artiste n'a plus qu'à harmoniser les autres éléments de la composition. La chemise est nuancée de gris, le pardessus est foncé par endroits, etc. Le résultat témoigne du talent pictural d'Esther Olivé.

Ana Roca-Sastre peint une nature morte au pastel

Notre amie Ana arrive à l'atelier avec des idées très précises. Cette jeune artiste, qui réalise par ailleurs d'excellents portraits, prend généralement très au sérieux les problèmes de composition. Dès qu'elle a obtenu une disposition satisfaisante des éléments composant sa nature morte, elle nous dit la respecter au point de mettre le plat de fruits tel quel dans le réfrigérateur après chaque séance, ce qui lui permet de reprendre son tableau le lendemain sans que rien n'ait changé. C'est surtout vrai lorsqu'il s'agit d'une peinture à l'huile. La peinture au pastel n'exige pas un travail aussi prolongé. Le pastel est une technique à sec « rapide », qui permet de superposer des couches de couleurs couvrantes sans se trouver confronté à des mélanges indésirables. Quand on peint au pastel, on peut rectifier en cours de route.

Voyons un peu comme se présente son sujet. Il s'agit d'un plat de fruits posé sur une petite table recouverte d'une nappe verte – vert pomme, pour être précis. Les fruits d'une tonalité générale rouge orangé se détachent sur le plat blanc. Leurs nuances s'harmonisent avec le fond brun qui, à son tour, atténue le contraste entre la nappe et le tapis. Tout cela vu « en plongée », mais sans grand effet de perspective. La composition est limitée sur la droite par un rideau qui contraste avec le plan du sol. La petite table forme un losange entouré par trois grands plans perpendiculaires ; c'est une composition parfaite.

La clarté de l'ensemble permet à l'artiste de dessiner son schéma directement sur une feuille de papier Canson rouge. Les papiers de couleur sont des supports courants chez les pastellistes, mais... pourquoi un rouge aussi vif ? Ne nous en inquiétons pas, Ana Roca-Sastre l'a prévu en conséquence ; ce rouge constituant la clef de sa gamme chromatique va lui permettre d'accentuer la tonalité de sa composition.

Et le travail est déjà en cours. En utilisant un fusain, elle cambre légèrement les fruits pour rehausser leur volume par rapport aux surfaces planes. C'est d'ailleurs par ces fruits qu'elle commence à peindre. Observez les effets de couleur rendus par les premiers traits appliqués sur le papier rouge. Il est d'ores et déjà évident que le choix de ce fond est opportun.

296

297

Fig. 296. Ana Roca-Sastre a choisi et disposé avec soin tous les éléments composant sa nature morte. Observez l'harmonie colorée obtenue en associant diverses tentures.

Fig. 297. Le peintre travaille sur un papier Canson « mi-teinte » de couleur rouge.

Fig. 298. Le dessin préalable est exécuté au fusain. Il se résume à construire les grandes lignes de la composition et à les compléter par quelques grisés sur les fruits.

298

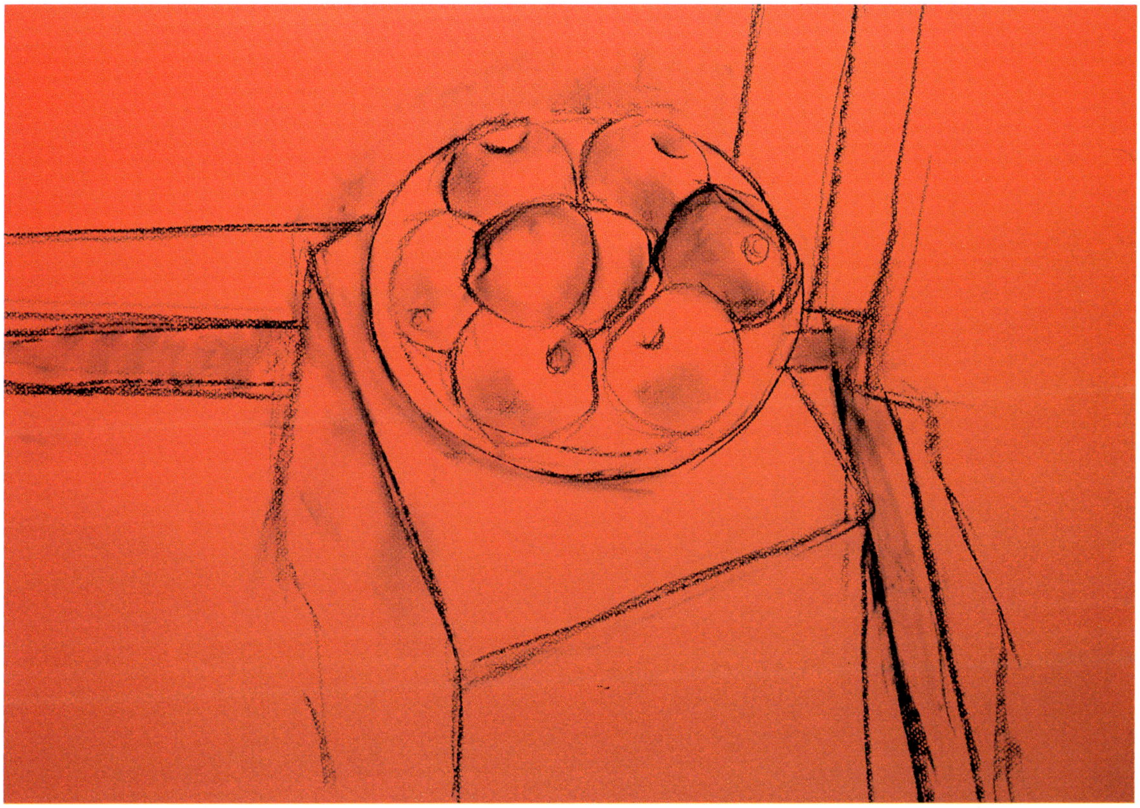

Fig. 299. L'artiste commence par souligner les principaux contrastes sur les fruits, afin que ceux-ci se détachent sur le plat où l'on voit apparaître les premiers traits blancs.

299

Les plans et les volumes

300

3

Il est clair que toute la composition est subordonnée à l'élément central : le plat de fruits. Si nous disons l'« élément central », ce n'est pas à cause de la position qu'il occupe mais de l'intérêt visuel qu'il suscite, car il se trouve en fait légèrement décalé vers le haut à droite.

Nous savons maintenant que ce décentrage renforce son attrait (rappelez-vous la règle d'or). Mais ce n'est pas l'unique raison qui fait que les fruits sont mis en valeur ; s'y ajoute leur forme circulaire dans un contexte essentiellement rectiligne. Et l'artiste va renforcer cette caractéristique en insistant sur leur volume.

Le moment est venu de peindre ce qui les entoure. Ana Roca-Sastre recouvre la feuille de larges taches de couleur en appliquant les bâtonnets de pastel sur toute leur longueur. Elle travaille avec rapidité, sans s'attarder sur les détails pour obtenir un effet d'ensemble. Ces taches sont uniformes et sans ombre ; elles se limitent à définir les différents plans, sans suggérer le clair-obscur ou le moindre volume. Ceci est particulièrement évident pour le rideau, dont l'artiste a ignoré la courbure des plis pour ne se préoccuper que de l'alternance de plans rappelant un peu les coulisses d'un théâtre.

On peut en dire autant de la table, définie uniquement comme un prisme cubique construit en fonction de la direction et de l'inclinaison des autres plans. Il est très intéressant d'étudier la solution picturale apportée à cette nature morte. L'artiste tente d'associer deux traitements opposés de la couleur : le réalisme des fruits et l'abstraction géométrique qui les entoure. C'est là une démarche reprenant les méthodes de composition de l'art gothique, bien connues d'Ana Roca-Sastre, qui consistent à opposer le plan et le volume.

Rappelez-vous qu'un des grands attraits de la peinture gothique réside dans cette étonnante alternance entre, d'une part, les surfaces planes décoratives typiques de l'expression picturale médiévale et, d'autre part, le réalisme des visages, des plantes ou des animaux qui préfigure déjà l'art de la Renaissance. Les solutions picturales apportées par les maîtres du gothique peuvent encore aujourd'hui être appliquées, comme nous le montre ce travail.

302

Fig. 300 à 302. Observez que les fruits sont peints en reprenant pratiquement les mêmes nuances sur chacun d'eux afin d'obtenir une unité et un ensemble harmonieux. Contrairement au fond, les différentes tonalités ont pour but d'éviter les aplats uniformes en restituant les volumes.

Fig. 303. Une grande partie de la composition est maintenant recouverte au pastel. Cette tonalité générale a pour fonction d'équilibrer l'ensemble avant de finaliser l'harmonie définitive des couleurs et des contrastes. Observez que les traits de pastel ne recouvrent jamais en totalité le rouge du papier afin de susciter un certain effet de transparence.

303

Fig. 304. L'artiste a retouché les fruits dont les formes semblaient jusqu'ici un peu irrégulières en raison d'un excès de nuances dissemblables. La rondeur des formes a été accentuée et les tonalités sont beaucoup plus équilibrées.

304

Modeler avec la couleur pour recréer l'espace

305

Fig. 305. Les contrastes de couleurs ont gagné en intensité et les contours sont plus précis. Les plis du rideau se résument à des plans colorés faisant penser aux coulisses d'un théâtre, ce qui crée un effet de profondeur.

306

Fig. 306. L'ajustement des couleurs a permis de définir avec plus de précision les différents plans. Les fruits, riches en nuances très saturées, apparaissent comme le véritable centre d'intérêt de cette composition.

L'artiste cherche à densifier chaque fruit, à rendre son volume et son aspect au toucher, tout en préservant la rondeur et l'intégrité de la forme. Chaque nuance nouvelle a une incidence sur celle-ci, un impact qui solutionne ou pose un problème.

Voyons comment Ana Roca-Sastre a résolu toutes ces difficultés. Les fruits ont des tonalités attrayantes mais un peu ternes, ils paraissent déformés et bosselés ; la couleur ne définit pas suffisamment la forme.

L'artiste en ajoute pour densifier chaque fruit, tout en épurant les limites du dessin et en couvrant le rouge là où il ne s'impose pas. Ce travail produit son effet : peu à peu, les pommes et les grenades se saturent de nuances plus homogènes, leurs formes s'arrondissent et trouvent leur place sur le plat.

Le problème est résolu. Il ne reste plus qu'à reprendre les contours des différents plans et à rehausser avec du blanc le premier pan du rideau afin de renforcer le contraste avec le rouge du tapis. Un contraste qui s'avère être l'élément déterminant pour rendre la profondeur. Ce blanc « fuit » littéralement vers le fond.

Jugez vous-même du résultat. En ce qui nous concerne, nous le trouvons remarquable.

Fig. 307. Cette nature morte est terminée. L'artiste a gardé le rouge du papier pour suggérer le tapis ; seuls, les bords de celui-ci ont été rehaussés avec du bleu.

307

Un paysage urbain à l'huile, par David Sanmiguel

308

Fig. 308. Vue depuis une large terrasse, l'église apparaît dans toute sa monumentalité. Mais les murs et les toits au premier plan entrent aussi dans la composition. Le format choisi est disposé verticalement pour rehausser l'architecture.

309

Fig. 309. Le schéma préalable, exécuté au fusain, rend compte de la tendance rectiligne de la composition : angles, diagonales et rectangles, avec quelques courbes seulement suggérées.

Fig. 310. Les premiers coups de pinceau traduisent la sobriété d'une harmonie chromatique basée sur les ocres, les couleurs terre et les gris bleutés.

310

311

Fig. 311. La toile est maintenant recouverte de tonalités éclaircies avec du blanc. Le premier plan de la composition apparaît confus ; les surfaces colorées ne correspondent pas entre elles et ne se marient pas avec la structure de l'église.

On serait tenté de penser que le niveau de difficulté varie en fonction du thème pictural ; sur ce point, les opinions sont partagées. Le portrait est très souvent considéré comme ardu, mais il y eut de grands portraitistes dont les paysages n'ont pas atteint le niveau artistique de leur thème privilégié. On peut en dire autant de peintres célèbres pour leurs natures mortes qui n'eurent pas autant de succès avec leurs portraits, ou encore de grands paysagistes qui abordèrent à peine les autres thèmes. Chaque peintre tend à composer d'une manière qui s'accorde mieux avec certains sujets qu'avec d'autres.

Ces réflexions s'appliquent aussi au paysage urbain, le plus récent de tous les genres picturaux si l'on excepte la peinture décorative de la Rome antique ou quelques exemples isolés datant de la fin du XIVe siècle, comme les superbes fresques des frères Lorenzetti, à Sienne.

Le genre a été inauguré « officiellement » avec les vues urbaines des peintres vénitiens du XVIIIe siècle (Canaletto et Guardi en sont les plus représentatifs). Les œuvres de ces peintres sont aussi monumentales et complexes que pour tout autre thème, tant par leur format que par leur composition. À l'époque, elles eurent un extraordinaire succès auprès du public. Comme nous le verrons plus loin, le paysage urbain moderne, qui doit beaucoup à ces illustres pionniers, comporte des difficultés aussi grandes que n'importe quel autre thème pictural ; ce qui revient à dire qu'il peut être tout aussi attrayant.

Le paysage urbain choisi par David Sanmiguel est l'église de Santa Maria del Mar, à Barcelone, vue depuis une terrasse. La photographie de la page précédente donne une idée précise du panorama. Comme on peut le voir, le sujet est complexe : un labyrinthe de toits, de murs, d'antennes et de terrasses s'interpose entre le peintre et le monumental édifice.

Mais l'artiste ne se propose pas de représenter les choses telles qu'elles s'offrent à lui. Au contraire, il s'agit pour lui de soumettre cette diversité à une méthode de composition beaucoup plus simple s'inspirant, à l'évidence, des compositions géométriques du cubisme.

David Sanmiguel va travailler sur une toile au format 40 Figure (100 x 80 cm), disposée verticalement. C'est un choix qui l'oblige à interpréter le sujet en comprimant les dimensions horizontales et en accentuant la hauteur de l'édifice.

Un mot sur la couleur : le peintre va utiliser une palette très réduite se composant seulement d'ocres, de couleurs terre, de blanc et de bleu. Cette austérité est un facteur de plus pour interpréter dans une « tonalité mineure » une couleur déjà naturellement grise.

Les premières étapes sont rapides et consistent surtout à couvrir de grandes surfaces en cherchant une tonalité plus ou moins juste qui respecte à tout moment l'architecture de la composition, une architecture dominée par la diagonale formée par l'édifice et qui projette les formes vers le fond, comme une ligne de fuite en perspective, ou plutôt qui tente de les projeter, car apparaissent déjà les premières difficultés de la composition : la partie inférieure ne parvient pas à suivre le rythme imposé par la partie supérieure. Les lignes ne s'intègrent pas et l'artiste doit modifier sa construction et chercher d'autres solutions à partir des nombreuses formes possibles proposées par la réalité. Dans l'immédiat, la composition se développe à la manière d'un bloc taillé conjuguant les plans et les arêtes.

Fig. 312. Cette première étape a mis en évidence les problèmes de composition se posant au premier plan, où s'additionnent différents volumes dont les proportions ne parviennent pas à s'harmoniser avec les dimensions globales du sujet. L'artiste a exagéré la nef de l'église pour obtenir un effet à la fois plus monumental et moins lourd.

312

Après bien des déboires, la bonne solution

317

Fig. 317. Les contreforts de l'église occupent plus d'espace jusqu'à atteindre le bas de la toile. Mais cette solution n'apporte rien de nouveau à l'ensemble de la composition.

Il faut bien admettre que l'artiste s'est mis dans une situation délicate. Il s'est compliqué la tâche plus qu'il n'est nécessaire. David Sanmiguel travaille maintenant depuis plusieurs heures et son problème ne semble pas trouver de solution satisfaisante. Il élimine à présent la balustrade et hésite à descendre les contreforts jusqu'à la limite inférieure de la toile. C'est là une solution expéditive, mais toutefois un peu exagérée.

Et pourquoi ne pas prendre la terrasse telle qu'elle est et peindre le muret en briques ? Le résultat est un muret solide mais tout aussi peu convaincant que le reste.

Tandis que rien ne va au premier plan, les choses s'améliorent au second. La tour du clocher se terminant par une structure en métal se marie très bien à l'architecture générale grâce à sa résolution en un prisme vertical, un prisme dont on voit trois facettes parmi lesquelles s'enchâssent un coup de pinceau très foncé traduisant l'arc ouvrant sur l'intérieur de la tour. La nuance chaude s'harmonise très bien avec le bleu froid métallique de l'église. On peut considérer l'édifice comme terminé.

Pour résoudre la difficulté posée par le premier plan, l'artiste a trouvé encore plus de solutions non satisfaisantes que celles reproduites sur cette page. L'une de ces tentatives (fig. 319) consistait à répartir plusieurs façades se croisant entre elles, mais le résultat désordonné déséquilibrait toute la composition et la faisait « basculer ».

Le soleil va bientôt se coucher et nous sommes toujours là, sur la terrasse, et rien ne laisse présager que le peintre va trouver une solution dans un délai proche. Mais il s'en sort

318

319

Fig. 318 et 319. De nouvelles tentatives viennent s'ajouter aux précédentes : un muret qui ferme l'avancée du premier plan et un ensemble de façades et de toits. Ces solutions font que le tableau devient beaucoup trop strict, avec une architecture rigide dénuée d'intérêt pictural.

pourtant ! Il y parvient en reprenant une balustrade plus petite et en l'inclinant dans le sens opposé à la diagonale qui couronne l'église. À la vue du résultat, le problème ne paraît plus aussi difficile ; il suffisait d'accentuer un simple effet de perspective. En fait, il en va de la composition comme de bien d'autres choses, les solutions judicieuses n'apparaissent pas tant que le problème n'est pas posé avec logique.

320

Fig. 320. En elle-même, la solution est très simple et reprend partiellement l'une des précédentes. Mais la balustrade est située maintenant à un niveau plus bas et suggère une ligne de fuite s'accordant avec celle marquée par le toit de l'église.

Santiago Erill réalise une affiche de cinéma

Vous vous demandez peut-être en quoi la réalisation d'une affiche entre dans le cadre de ce que l'on entend par composition artistique. Certains prétendront que ce n'est pas le cas.

On a longtemps considéré l'affiche, non pas comme une activité relevant des beaux-arts, mais plutôt comme un travail réservé à ceux dont le métier est d'être illustrateur. Aujourd'hui, les choses ne sont pas aussi simples.

Le dessin graphique, l'illustration ou les moyens de communication visuelle sont appréciés par un public qui les considère de plus en plus sous l'angle de la créativité, de l'innovation, à la fois pour ce qui est du message transmis et pour leur attrait esthétique. De plus, ces techniques deviennent aussi, pour certains artistes, une source d'inspiration, comme le fut la photographie à ses débuts. Réciproquement, les illustrateurs n'hésitent plus à puiser leurs idées dans les formes d'expression artistique. Quelle que soit notre opinion sur l'importance de ces nouvelles disciplines, il faut bien admettre que les professionnels de la publicité et les artistes peintres appartiennent à la même famille.

Ce livre ne prétend pas entrer dans la polémique opposant les défenseurs du graphisme et de l'illustration, considérés comme disciplines artistiques, et ceux qui prennent ces activités comme un métier artisanal de plus. Si nous avons cru bon d'inclure un illustrateur dans notre choix d'artistes, c'est parce que la réalisation d'une affiche implique un indiscutable travail de composition. La couleur, la distribution des formes ou la disposition d'un texte sont des éléments qui doivent être ordonnés avec clarté et harmonie afin d'être attrayants. Les moyens utilisés ne sont pas ceux de la peinture, mais les problèmes posés par la composition d'une affiche ne diffèrent pas, pour l'essentiel, de ceux soulevés par la composition d'un tableau à l'huile, d'un pastel ou d'une aquarelle.

Santiago Erill est artiste peintre, professeur de dessin et... illustrateur. Ses affiches ne vont pas à l'encontre de sa formation de peintre ; au contraire, beaucoup d'entre elles s'inspirent de peintures classiques auxquelles Santiago Erill ajoute une note ironique ou

321

322

Fig. 321. L'illustrateur a parfois recours à la peinture classique pour réaliser ses affiches. Observez celle-ci inspirée d'un tableau de l'école de Fontainebleau (XVIe siècle).

Fig. 322. Le matériel utilisé est très simple et n'implique aucune recherche artificielle dans la réalisation de cette affiche.

caricaturale en les adaptant au contenu du film à présenter.
Sa méthode de travail est totalement artisanale et il n'emploie aucun procédé exigeant une haute technicité, ce qui va rendre la compréhension de sa démarche d'autant plus aisée et faciliter nos explications.
Il utilise un matériel très simple : papiers de couleur, colle, ciseaux, cutter, bristol, bandes adhésives de couleur, règles, fusains, etc. Il y ajoute toutefois quelques éléments graphiques propres au film, comme des posters et des photographies, à partir desquels il va réaliser ses propres esquisses.
S'inspirant de ses esquisses, Santiago Erill commence par découper de grandes silhouettes sur un papier de couleur après en avoir dessiné les contours au crayon. Dans le cas présent, le fond sera un bleu clair rayé de jaune, deux couleurs qui vont contraster avec le rouge de la silhouette. Une fois le papier bleu-gris découpé au format, il réalise ses rayures en collant des bandes de couleur jaune sur des traits parallèles préalablement tirés au crayon.
La typographie doit être exécutée dès le début. Santiago Erill découpe ses lettres (dont la forme lui est fournie avec le matériel graphique concernant le film) simultanément sur deux bristols ; nous verrons plus loin pour quelles raisons.

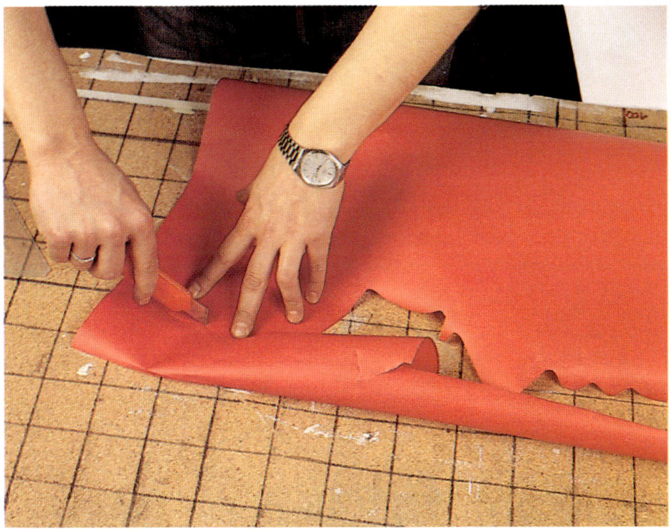
323

Fig. 323. Après avoir dessiné les contours de la silhouette et calculé ses dimensions en fonction du format de l'affiche, celle-ci est découpée au cutter dans une feuille de papier rouge.

324

325

Fig. 324 et 325. Pour obtenir son papier de fond rayé, l'illustrateur mesure et trace des lignes parallèles sur lesquelles il superpose la bande adhésive colorée.

326

Fig. 326. Le découpage du texte vient en premier. La typographie utilisée pour ce film, présentée sur un bristol coloré, lui est fournie par la régie publicitaire. L'illustrateur découpe deux bristols en même temps afin d'obtenir les lettres et leurs « ombres ».

Un travail très personnel

Santiago Erill fixe, avec des épingles, la silhouette en rouge de la tête féminine sur une feuille de papier blanc posée sur une grande tablette en liège. Les épingles sont indispensables pour essayer différentes combinaisons. La silhouette est aussi une grande surface colorée sur laquelle viendront prendre place d'autres éléments de l'affiche.

L'illustrateur ajoute ensuite le fond bleu clair rayé de jaune. Vue à une certaine distance, l'alternance de jaune et de bleu suscite un mélange optique donnant une nuance un peu verdâtre. C'est pourtant bien un fond, car vous constaterez que la silhouette rouge (couleur chaude par excellence) semble occuper un plan plus avancé que ce bleu-vert (couleur froide) en raison de la rémanence visuelle. C'est ainsi qu'on peut suggérer un effet de profondeur par un simple contraste de couleur : le rouge avance, le bleu recule. Bien sûr, cette sensation spatiale est très limitée, mais suffisante pour que la tête apparaisse plus proche de nous que le fond rayé. Lors du travail préparatoire, Santiago Erill a prévu une large bande, en bas de l'affiche, pour le nom du metteur en scène. Le moment est venu de la mettre en place.

Comme il lui faut susciter un puissant contraste qui rehausse la force graphique de la silhouette, il fait un certain nombre de tentatives à partir de papiers de couleur en rouleau. Le jaune produit un effet contraire, le bleu donne un bon résultat, mais le noir apparaît vraiment comme la cou-

327

328

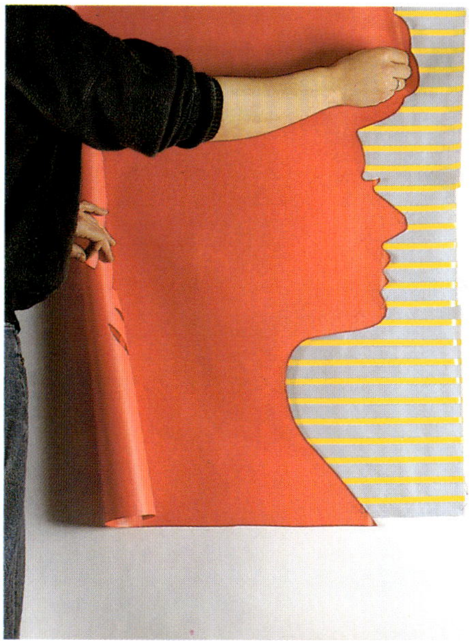

Fig. 327. Voici la silhouette découpée sur un papier rouge. L'illustrateur la superpose au format de son affiche pour en vérifier les proportions.

Fig. 328. Pour obtenir un effet d'ensemble la silhouette vient se superposer au fond rayé. Le tout est maintenu avec des épingles sur un support en liège.

Fig. 329 à 331. Sur ces trois figures, nous voyons l'illustrateur essayer différentes couleurs pour la bande couvrant le bas de l'affiche. Le noir est celle qui convient le mieux.

329

330

331

leur la plus appropriée pour cette affiche.

Lorsque nous parlons de force graphique, nous nous référons à la « netteté » des contrastes : couleurs pures, lignes précises, formes clairement définies, etc. Pour une affiche, cette « netteté » est indispensable si l'on veut que le message soit transmis dans sa totalité au premier regard. Par comparaison, une peinture, même plus réaliste, sera moins « nette », et peut-être source d'ambiguïtés.

L'unique concession que notre illustrateur fait à la technologie est l'utilisation d'un épiscope, c'est-à-dire d'un appareil ne projetant pas des diapositives mais des images opaques, des photographies ou des illustrations. Santiago Erill l'emploie pour projeter des images du film (des photographies tirées d'une rubrique, par exemple), qu'il reprend ensuite au fusain. Loin d'être froid et mécanique, le résultat lui donne une originale et attrayante image mixte, une paradoxale « photographie au fusain ». Le dessin réalisé, il le découpe en reprenant les contours au cutter.

332

333

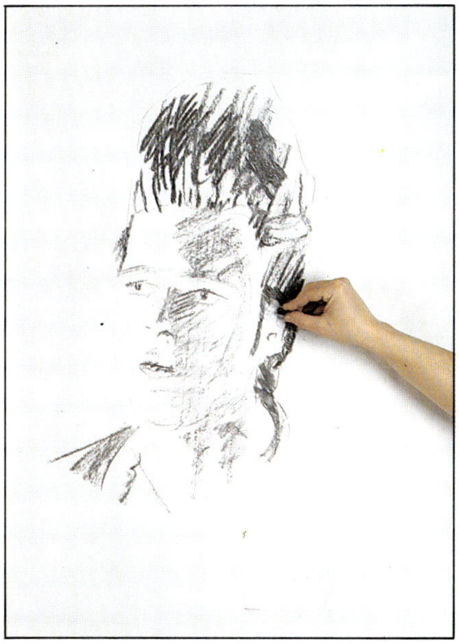

Fig. 332. Un épiscope permet à l'illustrateur de projeter une photographie de l'acteur sur une feuille de papier et d'en reprendre les traits au fusain.

Fig. 333 et 334. Dès que l'essentiel est dessiné, les détails du visage et de la chevelure sont rehaussés, toujours au fusain, puis le portrait est découpé au cutter.

335

Fig. 335. Voici un épiscope. C'est un appareil permettant de projeter des photographies ou toutes sortes de documents imprimés. L'illustrateur l'utilise pour reprendre des scènes du film en dessinant directement sur l'image projetée.

334

Le lettrage et la finition

Le portrait au fusain est fixé à son tour avec des épingles sur l'affiche. Observez sa dimension et son emplacement, calculés de manière à ne rien enlever à l'intérêt de la silhouette rouge, ce qui aurait été le cas si le portrait avait été plus grand. Plus petit, il aurait perdu de son impact (de sa force graphique). En se situant au centre de l'affiche, ce dessin corrige et équilibre l'asymétrie précédente. La silhouette se trouve maintenant au second plan, comme une ombre en aplat surgissant à l'arrière du visage de l'acteur dont le traitement du clair-obscur rehausse les volumes. Ce visage devient le principal centre d'intérêt de l'affiche.

Pour conclure, l'illustrateur doit travailler le générique, définir la position du texte. Pour cela, il utilise le bristol sur lequel il l'a découpé et reprend les contours intérieurs au crayon afin d'éviter d'avoir à calculer l'emplacement de chaque lettre. Après quoi, il ne lui reste plus qu'à les coller sur l'affiche en superposant deux lettres identiques (rappelez-vous qu'il avait découpé son texte en double exemplaire). Le but est de faire en sorte que la première soit l'« ombre » de la seconde ; ainsi, le texte acquiert un relief qui le détache du fond.

Pour conclure, Santiago Erill intensifie les ombres du visage et renforce le graphisme pour équilibrer le clair-obscur. Après quoi, l'affiche est prête à être installée sur le porte-affiches, à côté d'une version précédente réalisée sur un format en largeur, où l'artiste a utilisé exactement la même technique et des éléments semblables en les disposant différemment. Comme vous le voyez, le travail de composition effectué par Santiago Erill s'intègre très bien à ce chapitre.

336

33

33

33

Fig. 336 à 339. La découpe du visage de l'acteur vient au premier plan. Après l'avoir collée, il ne reste plus qu'à travailler la typographie. Pour situer rapidement la position de chaque lettre, l'illustrateur utilise comme « patron » le bristol sur lequel il les a découpées (fig. 337). Les lettres sont ensuite collées une à une, en décalant celles découpées sur le bristol noir pour obtenir un effet d'ombre (fig. 338 et 339).

340

Fig. 341. Après avoir réalisé le lettrage, l'illustrateur intensifie les ombres du dessin au fusain en reprenant quelques détails. L'affiche est terminée.

341

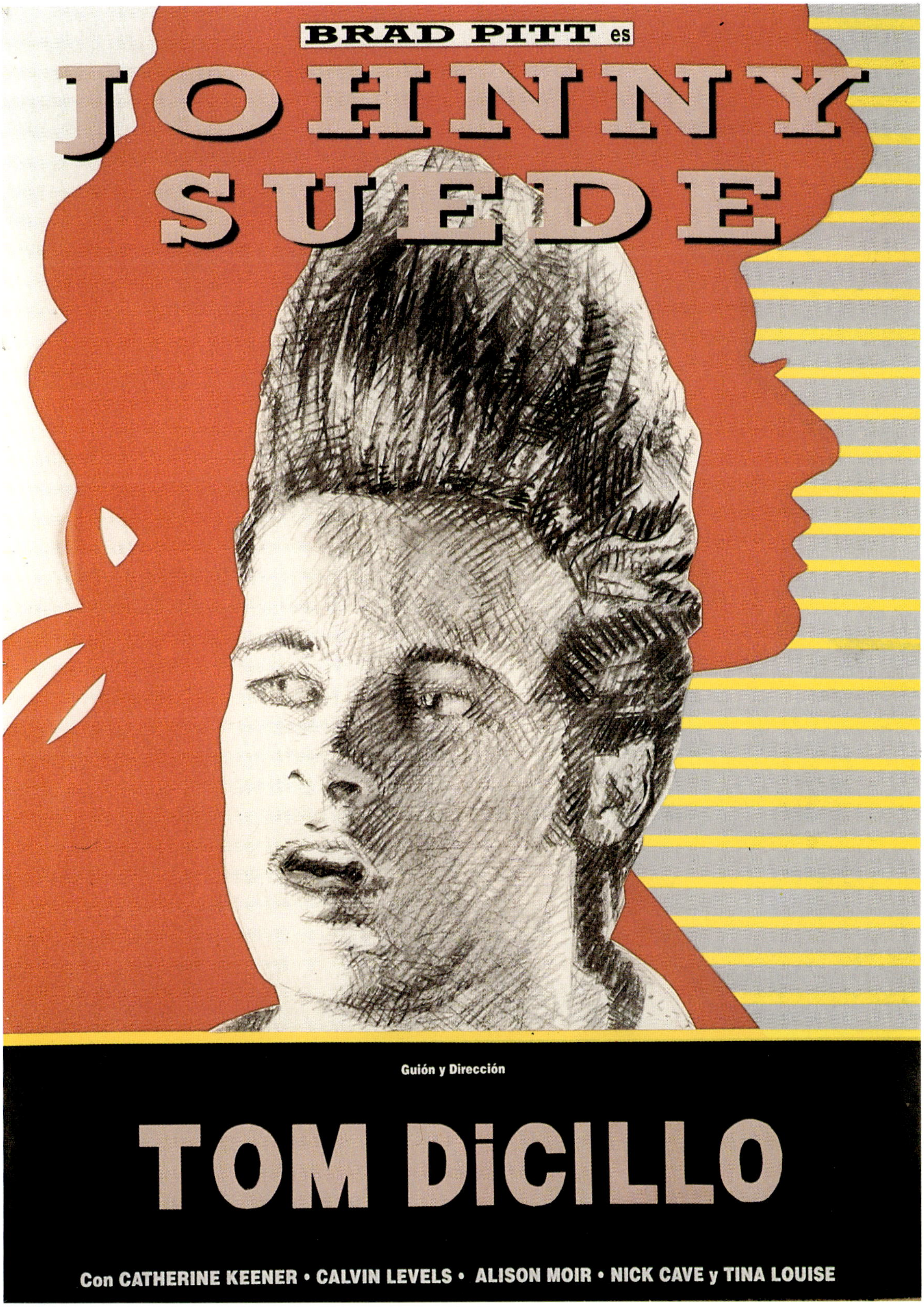

Fig. 340. (Page ci-contre.) Pour cette version travaillée sur un format en largeur, l'illustrateur a utilisé exactement la même méthode que celle décrite ici.

La composition d'un paysage à l'aquarelle...

Le lecteur a déjà eu l'occasion d'apprécier la technique et le talent de Vicenç Ballestar réalisant des esquisses d'après nature, ébauchant et traduisant fidèlement la forme et le mouvement des animaux.

Nous allons le voir travailler maintenant en tant qu'aquarelliste accompli. Bien qu'il maîtrise pratiquement toutes les techniques picturales, il a une prédilection pour l'aquarelle, pour la qualité des couleurs, leur transparence et la légèreté du résultat. Il n'y a juste qu'un petit inconvénient : Ballestar est un peintre extrêmement rapide. Il applique ses dons d'observation et d'exécution aussi bien aux esquisses qu'aux œuvres plus élaborées. En soi, cela n'a rien de répréhensible, d'autant moins avec une technique où les retouches et les repentirs sont prohibés, ainsi que l'excès de détails. Mais cette rapidité nous oblige à le déranger à tout instant pour lui demander de faire

342

Fig. 342. Voici le paysage que nous avons choisi. C'est une vaste étendue rappelant les toiles impressionnistes par les contrastes existant entre les différents plans colorés.

343

Fig. 343. La composition est dessinée avec un bâtonnet de fusain. Les traits seront ensuite estompés au chiffon afin que les couleurs ne se ternissent pas. Cette esquisse est suffisante pour situer les principaux éléments du paysage.

345

344

Fig. 344. Comme toujours à l'aquarelle, on commence par la partie supérieure, par le ciel qui sera peint en passant un lavis d'un bleu très clair.

Fig. 345. Voici le chevalet de campagne de Ballestar. Le papier est fixé avec des punaises sur une tablette à dessin.

...par Vicenç Ballestar

une pause, le temps que notre photographe saisisse les différentes étapes de la réalisation. Mais Ballestar, qui nous a emmenés devant l'un de ses paysages favoris, collabore de bon gré. « Un paysage noble - nous dit-il -, avec des arbres bien formés et de vastes espaces. » Il a tout à fait raison ; on pourrait presque affirmer qu'à cet endroit, la nature est « bien composée », qu'elle demande à être peinte.

Comme il fait très chaud, nous nous installons à l'ombre des peupliers. Ballestar déplie son chevalet de campagne et fixe la feuille de papier sur la tablette à dessin avec des punaises, puis il remplit d'eau un grand récipient en plastique et prépare ses aquarelles. L'artiste utilise de l'aquarelle pâteuse, en tubes, qu'il dépose dans les cavités d'une boîte métallique lui servant aussi de palette. Maintenant que tout est prêt, il se met au travail.

Il commence, bien sûr, par la composition. Avec un fusain dont il estompera ensuite les traits pour ne pas salir les couleurs, Ballestar trace tout d'abord la ligne d'horizon pour délimiter le plan fermé, sur la droite, par la masse verticale de l'arbre. Rien de plus simple, n'est-ce pas ?

Les aquarellistes en général, et Ballestar en particulier, n'aiment pas trop s'attarder sur le dessin préalable de la composition. L'aquarelle est une technique exigeant une grande liberté d'exécution, et un dessin trop travaillé irait à l'encontre de ce principe. Cette esquisse sommaire (fig. 343), où se détache le traitement quasi géométrique des arbres, est amplement suffisant.

Comme pour tous ses paysages à l'aquarelle, Ballestar commence par peindre le ciel, très rapidement, en mouillant d'abord le papier avant d'étendre un léger lavis bleuté avec une large brosse.

À l'aquarelle, le blanc n'est rien d'autre que le blanc du papier, c'est pourquoi l'artiste a peint autour des nuages, en réservant le blanc qui joue le rôle d'une couleur. Après quoi, le volume des nuages est obtenu en intensifiant la couleur sous la zone réservée.

Fig. 346. Après le ciel, l'artiste s'attaque aux montagnes à l'arrière-plan avec un bleu-vert.

Fig. 347. La gamme de nuances foncées s'enrichit maintenant que l'on commence à peindre le bosquet.

346

347

Le rôle joué par les contrastes

348

349

Nous avons oublié de souligner un aspect important concernant la peinture à l'aquarelle. Avec cette technique, l'artiste doit toujours travailler du plus clair au plus foncé. Une couleur peut être rectifiée en la fonçant, mais pas en l'éclaircissant puisque les aquarelles sont transparentes, non couvrantes. Notons toutefois qu'on peut éclaircir une nuance en la diluant avec un pinceau chargé d'eau claire, ce qui ne veut pas dire qu'on puisse inverser le processus le plus logique concernant le travail à l'aquarelle. Répétons-le : il est naturel d'aller du plus clair au plus foncé.

La méthode de travail de Ballestar offre ceci de particulier que ses aquarelles progressent du haut vers le bas : tout d'abord, le ciel, puis l'horizon et les plans les plus éloignés, et, pour finir, les premiers plans. Observez la figure ci-contre et vous constaterez que l'artiste s'est attaqué aux montagnes les plus éloignées (juste en dessous des nuages) après avoir achevé le ciel.

Ce travail « par étapes » diffère de la plupart des techniques picturales qui offrent la possibilité de reprendre et de modifier des zones déjà peintes.

Toute la partie supérieure étant sèche, Ballestar peut s'attaquer à la définition du grand arbre fermant la composition sur la droite, un arbre qui se dé-

Fig. 348. Le feuillage des arbres est modelé par diverses intensités d'une même couleur, des tonalités obtenues simplement en diluant plus ou moins le mélange.

Fig. 349. Les bandes horizontales correspondant aux champs cultivés les plus éloignés jouent un rôle important dans la composition. Elles servent de contrepoint horizontal à la verticalité du grand arbre de droite.

coupe sur l'immensité du ciel. Comme vous le savez, le contraste en résultant est l'un des recours les plus utilisés pour « créer » un espace pictural ; le contraste puissant d'une tache foncée sur un fond clair (ou le contraire), suggère aussitôt une atmosphère s'interposant entre les deux.

Quelques taches suffisent par créer les masses constituant le bosquet. D'entrée, l'artiste applique généreusement les couleurs en se laissant guider par le dessin préalable. Sur ces couleurs encore humides, il nuance ensuite les reflets et les ombres en ajoutant de nouvelles tonalités qui se fondent avec la première couche.

Vous noterez que Ballestar a réservé les arbres se trouvant au pied des montagnes. Ces réserves de blanc dessinent parfaitement la forme du feuillage tout en marquant la séparation entre les plans.

Le travail se poursuit vers le bas, comme toujours. L'artiste peint deux bandes de couleur parfaitement horizontales qui contrastent puissamment avec l'irrégularité des arbres. Ce contraste étonnant n'est que la solution apportée au problème posé par la composition. Ballestar a voulu ainsi délimiter clairement les deux principaux plans la constituant, le ciel et la terre.

350

351

Fig. 350. La cime des arbres est maintenant beaucoup plus élaborée. Des taches très libres, réalisées à la pointe du pinceau, restituent avec élégance et conviction la forme des branches.

Fig. 351. Le jaune, couleur chaude, rend le premier plan plus proche de nous, même si, comme dans le cas présent, ce jaune a une légère tendance verdâtre.

Couleur et composition

Fig. 352. La tache foncée un peu verdâtre qui est venue se superposer au jaune, au premier plan à droite, crée un nouvel espace plus proche du spectateur.

352

353

Nous sommes maintenant en mesure d'apprécier une caractéristique des compositions de Ballestar, un aspect allant au-delà du schéma préalable ou de la répartition des masses. Dans cette aquarelle, le paysage se structure en trois grands plans qui s'opposent à celui du ciel : le fond montagneux, la masse formée par le bosquet et les champs cultivés. Chacun d'eux a une couleur dominante : le bleu pour les montagnes, le vert pour les arbres, le jaune et le Sienne pour les champs. Comme le savent très bien tous les paysagistes, les contrastes entre ces différentes couleurs suscitent un effet de profondeur.

La gamme chromatique est un facteur de composition essentiel. Lorsqu'il s'agit de paysages, cette gamme est dictée par la nature elle-même, mais elle doit souvent être accentuée et intensifiée par l'artiste.

L'aquarelle progresse et Ballestar travaille sans hésitation. Il applique maintenant du jaune au premier plan tout en réservant les zones des balles de foin. C'est là une démarche classique : couvrir, réserver, superposer... Une tache comme celle de la grande ombre, au tout premier plan, joue un rôle dans la définition de l'espace pictural. Elle est obtenue en superposant un brun-vert sur l'ocre jaune du foin, ce qui entraîne un effet de transparence propre à l'aquarelle.

Fig. 353. L'aquarelle entre dans sa dernière étape par l'établissement de rapports de couleur définissant des plans bien précis : les jaunes, les verts et les bleus s'échelonnent en traduisant une sensation de profondeur convaincante.

À présent, l'artiste traduit le foin amassé sur ce vaste premier plan en nuançant le jaune avec du Sienne, du vert émeraude dégradé avec du jaune et du carmin très dilué mélangé au vert précédent (fig. 353). Ballestar applique toutes ces nuances avec un pinceau fin, par petites touches disposées ici et là, en superposant les couleurs et en laissant « respirer » les couches successives.

Observez le résultat final (fig. 354). L'artiste a rehaussé le premier plan et exagéré les contrastes qu'offrait la réalité. Cette technique consistant à exagérer le contraste afin de suggérer la profondeur vous est maintenant familière.

C'est une excellente aquarelle. Nous notons que Ballestar en est satisfait, car il fredonne à voix basse un air difficile à identifier.

Fig. 354. Cette aquarelle, riche en nuances, est cohérente dans sa composition grâce aux effets de profondeur exprimés par une superposition de plans judicieusement contrastés.

354

Le dessin et la couleur dans la peinture de Jordi Homar

355

Fig. 355. Jordi Homar va interpréter un buste féminin en travaillant à l'acrylique et à l'huile, deux techniques que l'artiste associe très souvent entre elles.

Fig. 356 et 357. La composition réalisée au fusain met en évidence l'extrême soin apporté à la construction des formes.

Jordi Homar est étudiant à la faculté des Beaux-Arts de Barcelone, où il s'est très vite fait remarquer par ses dons de dessinateur. Mais Jordi voulait aussi être peintre, ce qu'il est devenu aujourd'hui.

L'artiste nous a invité dans son atelier rempli de toiles ; de toiles achevées, de travaux en cours ou provisoirement abandonnés. Sur certains de ces tableaux, l'épaisseur de la couche picturale est la marque d'un travail caché donnant la mesure de l'effort de l'artiste pour réaliser une œuvre à la hauteur de ses ambitions.

Nous aimons parler du style de Jordi Homar car nous avons des goûts en commun. Tout d'abord, certains aspects du cubisme ; tout ce qui a trait à la construction d'un sujet sur une toile, avec une composition manifeste et bien construite. Mais aussi le Pop'art et sa liberté dans le choix du sujet, un sujet qui peut être inspiré par un magazine, par des illustrations ou par la publicité. C'est là un comportement où l'intérêt visuel et les possibilités picturales d'une image l'emportent sur son origine.

Quant au thème que nous allons travailler, Jordi Homar hésite sur ce qu'il va peindre pour nous. En cherchant parmi les toiles et les dessins, nous trouvons finalement un buste féminin vu de profil se prêtant à merveille à une réinterprétation, ce que l'artiste va faire sur une toile au format 10 Figure (55 x 43 cm).

Pour ce qui est du matériel, il va associer les couleurs à l'huile et à l'acrylique ; bien qu'associer ne soit pas le mot juste, puisque ces deux médiums ne peuvent se mélanger. Il va donc utiliser d'abord des acryliques, et dès que celles-ci seront sèches, il leur superposera des couleurs à l'huile. Cette démarche peu orthodoxe a sa raison d'être. Jordi Homar travaille à partir de documents ou, tout simplement, en faisant appel à son imagination ; le

356

357

problème de la couleur ne se pose donc pas à lui dans les mêmes termes que lorsqu'on travaille d'après nature. L'artiste est donc tenu d'« inventer » la couleur à chaque instant, ce qui nécessite une technique lui permettant de faire des essais et de rectifier rapidement jusqu'à ce qu'il ait la nuance voulue. L'acrylique apparaît alors comme la technique idéale. Les couleurs obtenues, il achève le tableau à l'huile afin d'avoir une « densité », un effet de matière impossible à réaliser à l'acrylique. Comme vous le voyez sur les figures illustrant la page précédente, l'artiste commence par un schéma très simple, une composition linéaire qu'il va enrichir de formes géométriques. Il dessine le buste dans sa totalité à partir d'un « mannequin » constitué de trapèzes.
Une fois terminé, ce schéma linéaire va être conservé jusqu'à la fin. Il constitue en quelque sorte l'ossature de sa peinture.

Jordi Homar se met à peindre sans s'inquiéter des couleurs qui se salissent au contact du fusain. En fait, cet aspect l'aidera parfois à en nuancer certaines ou à contraster les contours. L'artiste a commencé avec de l'ocre, la couleur de base appelée à coordonner l'harmonie générale du tableau.

Fig. 358. Une simple table est utilisée comme palette. On y trouve aussi les acryliques et les couleurs à l'huile en pots.

Fig. 359 et 360. Les premières taches d'ocre sont délibérément noircies avec le fusain afin d'obtenir une tonalité foncée un peu verdâtre.

358

359

360

Des éléments graphiques et picturaux

361

362

Le tableau progresse rapidement. L'artiste, concentré sur son œuvre, couvre tous les espaces en exploitant les possibilités qu'offrent les volumes et les formes.

Il travaille avec de l'ocre, du carmin et du blanc : de l'ocre pour les couleurs locales (celles qui sont propres au sujet), du carmin pour les ombres et de l'ocre dégradé avec du blanc pour les reflets lumineux.

Cette démarche peut très bien être qualifiée d'« abstraite », puisque l'artiste fait abstraction des couleurs correspondant à la réalité. Elle se rapproche du cubisme, qui permit à des peintres tels que Picasso, Braque ou Juan Gris de développer des harmonies chromatiques très éloignées de la nature et ayant une valeur propre purement picturale. Une telle démarche fait qu'il n'est pas surprenant de voir des artistes utiliser des nuances sans rapport avec le réel.

Dans le cas présent, nous constatons que l'artiste tend vers une harmonie rappelant les couleurs du bois, une association de couleurs qui s'accorde très bien avec un dessin évoquant plutôt une sculpture.

Jordi Homar travaille la couleur de telle sorte que des relations de clair-obscur s'établissent entre les différentes tonalités. La chevelure, par exemple, forme un volume important qui fait ressortir la platitude du visage, accentuée encore par le trait ocre clair qui suit le profil et par l'œil dont la

363

Fig. 361. L'ocre, le carmin et le blanc sont les couleurs choisies pour créer les volumes et définir le clair-obscur un peu particulier de ce visage.

Fig. 362. Les gris clairs et les ocres alternent sur la chevelure pour en rehausser le volume et contraster avec le carmin foncé du fond.

Fig. 363. Par ses formes angulaires et par les couleurs terre qui les recouvrent, ce buste rappelle une sculpture sur bois.

forme rappelle un idéogramme (un peu à la manière égyptienne). L'artiste cherche maintenant des solutions graphiques pour compenser le manque de définition picturale de la forme ; l'œil est l'une de ces solutions.

Toujours en considérant la relation entre plan et volume établie ici, soulignons la manière dont est traitée maintenant la chevelure. Ce qui était auparavant une masse très volumétrique prend, une fois foncée par des carmins et des noirs, une expression nouvelle d'un très grand intérêt pictural, mais aux dépens toutefois de sa définition.

Ce changement constant dans les équilibres chromatiques et formels du tableau est l'une des caractéristiques les plus intéressante de la démarche de Jordi Homar. Le dessin - les contours, le tracé des formes, etc. - et la couleur se disputent la suprématie. L'artiste joue le rôle d'arbitre en concédant des avantages à l'un ou à l'autre selon l'état de la peinture.

Puis il revient au dessin, par d'épais traits de couleur qui orientent la composition vers un aspect plus graphique. Ce sont toujours des traits « abstraits » qui, plutôt que de décrire la forme avec réalisme, la suggère en reprenant les contours schématiques du clair-obscur.

Nous découvrons peu à peu que la démarche suivie par l'artiste l'amène à résumer la forme au maximum, en négligeant tout ce qui ne contribue pas à rehausser l'intérêt purement visuel de la couleur et du trait.

Les couleurs saturées, passées en aplat, commencent à apparaître pour définir des plans géométriques représentant la forme du front, du nez, de la poitrine, etc. Le tableau entre dans sa phase définitive.

364

365

Fig. 364. Les rapports de couleurs ont changé. Les formes et les contours sont à présent mieux définis. Le fait d'avoir intensifié les tonalités fait davantage ressortir les nuances claires.

Fig. 365. Deux grands volumes apparaissent : le tronc et le cou d'une part, la tête de l'autre, que relie un jeu de plans et d'arêtes suscité par les couleurs.

De l'acrylique à l'huile

Après plusieurs tentatives, Jordi Homar commence à ajuster la couleur, ce qui, pour lui, signifie obtenir des surfaces d'une tonalité uniforme, sans aucun modelé, qui se limitent entre elles et se définissent mutuellement par leur intensité et par le dessin de leur contours.

366

C'est ce qu'on observe déjà dans la partie supérieure de la coiffure, réalisée dans une nuance terre verte très proche de l'ocre qui est à la base de cette gamme chromatique. Ce vert serait complètement plan s'il n'y avait les traits colorés qui, tout en définissant les formes, suggèrent également le volume. Nous voyons maintenant l'artiste ouvrir ses pots de couleurs à l'huile. Il utilise des pots d'un kilogramme, ce qui est peu fréquent car la plupart des peintres préfèrent les tubes. Le fait n'a que peu d'importance, si ce n'est qu'il souligne la quantité de peinture employée par Jordi Homar.

En fait, il commence à peindre à l'huile aussitôt qu'il a obtenu, à l'acrylique, les couleurs convenant à sa composition. Observez le résultat (fig. 368) et comparez-le au travail à l'acrylique (fig. 367) ; la différence dans la netteté, la saturation et la définition des couleurs saute au yeux. Les plans du visage se composent définitivement d'ocre très clair pour les plus lumineux, d'ocre et de Sienne pour les tons intermédiaires et de carmin pour les ombres. Le buste sera traité de la même manière.

La finition se poursuit en animant des surfaces planes par des éléments purement graphiques qui participent à la

Fig. 366. La masse constituant la coiffure est « aplatie » par la suppression du clair-obscur. Elle apparaît maintenant en deux dimensions délimitées uniquement par les courbes des contours.

Fig. 367. Le terre de Sienne verdâtre s'est imposé comme tonalité intermédiaire, créant un jeu d'ombre et de lumière totalement indépendant du volume primitif du visage. Les plans colorés sont à présent uniformes.

Fig. 368. Dès que l'acrylique est sèche, l'artiste utilise l'huile pour donner corps aux masses colorées. Il peut alors peindre avec une totale assurance puisque les différentes tonalités sont parfaitement localisées.

367

368

définition du dessin et du volume. Ces éléments sont les yeux, les sourcils, la bouche et toute une série de bandes colorées qui parcourent la chevelure, sans oublier le vêtement imprimé en noir.
Le résultat final possède sans conteste un grand attrait visuel et une force plastique indéniable. Cette force réside tout autant dans la solidité de la composition que dans le parfait « assemblage » des plans colorés. Félicitations, Jordi !

369

Fig. 369. Pour conclure, l'artiste a précisé quelques détails qui animent les grands plans colorés, comme la boucle d'oreille, la forme triangulaire de l'œil ou l'imprimé sur le vêtement.
Le dessin et l'harmonie des couleurs s'équilibrent parfaitement.

Remerciements

L'auteur souhaite exprimer toute sa gratitude à Lucas Sanmiguel pour sa participation aux recherches préliminaires et à la première rédaction des passages les plus complexes, ainsi que pour sa collaboration en tant que modèle. De nombreuses pages de ce livre lui sont dues.
Nos remerciements vont aussi à Fiona Carnegie, pour nous avoir laissé occuper sa terrasse ; aux artistes Esther Olivé, Ana Roca-Sastre, Vicenç Ballestar, Santiago Erill et Jordi Homar qui ont bien voulu se prêter aux séances de prises de vues ; au peintre Benxamin Álvarez, auprès duquel l'auteur s'excuse, pour des problèmes techniques dont il est le seul responsable, de n'avoir pu inclure son travail dans ce livre ; à la photographe Aleydis Rispa pour le portrait reproduit en introduction ; à Josep Roca-Sastre qui nous a permis de reproduire les dessins illustrant les pages 90 et 91, et à Antonio Munoz Tenlldo pour sa patience à déchiffrer les indications de l'auteur concernant les illustrations et pour avoir obtenu des résultats toujours meilleurs que ceux espérés.
Nous remercions aussi Joan, Jaume et Toni, photographes de Nos & Soto, pour les excellents travaux réalisés à partir de tout ce que nous leur avons présenté, pour leur scrupuleux soin des détails et leurs incessantes allées et venues avec leur matériel sur le dos. Nous remercions tout particulièrement les éditions Parramón et l'équipe dirigée par Jordi Vigué qui, avec Josep Guasch et Jordi Martinez, ont tant facilité notre travail. Pour finir, nous tenons à remercier les établissements Guarro pour les informations qu'ils nous ont fournies sur les papiers, ainsi que la maison Piera pour la cession des papiers et des blocs à dessin.

L'ATELIER VIVANT

Une nouvelle collection pratique pour tous ceux qui veulent perfectionner leur technique de la peinture et renforcer leur expression artistique.

Plutôt qu'une approche par les techniques matérielles (aquarelle, huile, dessin) ou par les thèmes traditionnels (paysage, nature morte, etc.), l'auteur a préféré développer les aspects fondamentaux du métier du peintre.

En effet, toute œuvre aboutie possède une *matière* personnelle, une certaine *lumière*, une conception originale de la *couleur*, un sens de l'*espace*, un rythme ou un *mouvement*. Enfin, elle se situe à un point singulier placé entre *figuration et abstraction*.

La méthode pédagogique se fonde à la fois sur l'expérience artistique de l'auteur et sur son expérience de l'enseignement (École nationale supérieure des Beaux-Arts de Paris). Chaque ouvrage propose une douzaine d'ateliers et une œuvre aboutie développée étape par étape.

Par Daniel Lacomme, aux Éditions Bordas :

- *La Lumière dans le dessin et la peinture*
- *La Matière dans le dessin et la peinture* (Prix Arts et Technique 1994)
- *La Couleur dans le dessin et la peinture*
- *L'Espace dans le dessin et la peinture*
- *Le Mouvement dans le dessin et la peinture*
- *Figuration et Abstraction dans le dessin et la peinture*

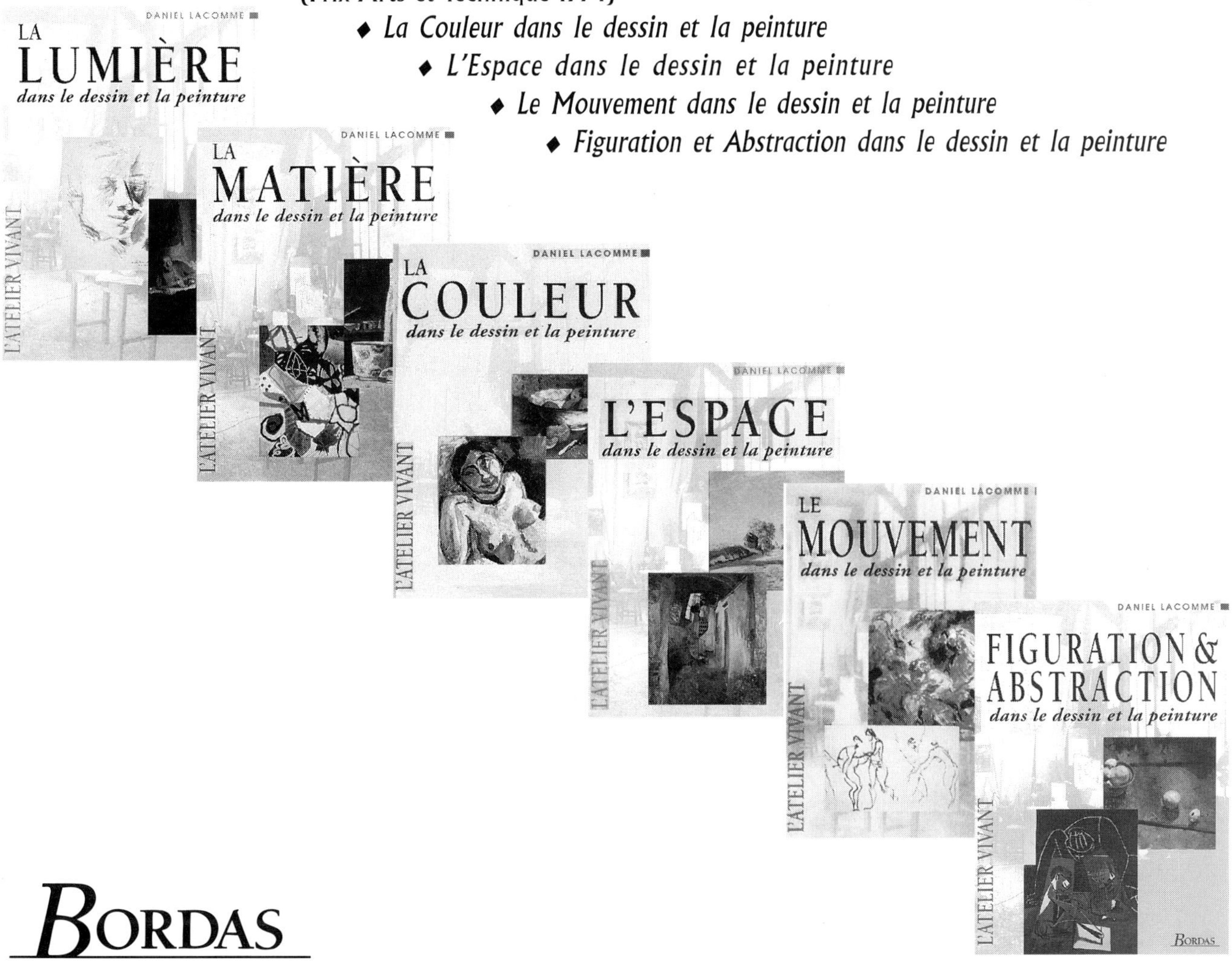

BORDAS